机动车系列车型查验辅助手册

危险货物运输车查验辅助手册

ATLAS OF MOTOR VEHICLE MODEL SERIES

公安部道路交通安全研究中心　编

人民交通出版社股份有限公司
北　京

内 容 提 要

本书介绍了危险货物运输车的车型分类，公安机关交通管理部门办理危险货物运输车登记业务时需查验的项目，及其配套的查验要求、查验方法、合格判定、常见不合格情形、标准依据等内容。

本书可供公安机关交通管理部门机动车登记查验相关岗位人员学习使用。

图书在版编目（CIP）数据

危险货物运输车查验辅助手册 / 公安部道路交通安全研究中心编.—北京：人民交通出版社股份有限公司，2021.6

（机动车系列车型查验辅助手册）

ISBN 978-7-114-17429-2

Ⅰ.①危… Ⅱ.①公… Ⅲ.①危险货物运输—载重汽车—检测—手册 Ⅳ.①U469.206-62

中国版本图书馆CIP数据核字（2021）第126858号

机动车系列车型查验辅助手册

书　　名：危险货物运输车查验辅助手册

著 作 者：公安部道路交通安全研究中心

责任编辑：董　倩

责任校对：孙国靖　宋佳时

责任印制：张　凯

出版发行：人民交通出版社股份有限公司

地　　址：（100011）北京市朝阳区安定门外外馆斜街3号

网　　址：http：//www.ccpcl.com.cn

销售电话：（010）59757973

总 经 销：人民交通出版社股份有限公司发行部

经　　销：各地新华书店

印　　刷：北京盛通印刷股份有限公司

开　　本：889 × 1194　1/32

印　　张：3.375

字　　数：93千

版　　次：2021年 6 月　第1版

印　　次：2023年11月　第4次印刷

书　　号：ISBN 978-7-114-17429-2

定　　价：20.00元

（有印刷、装订质量问题的图书由本公司负责调换）

编　写　组

公安部道路交通安全研究中心

舒　强　王艺帆　曾祥凯　周文辉

唐翠翠　马明月　梁　元　汤　婷

赵光明

山东省济南市公安局车辆管理所

韩军庆　尚　健　张敦华　张　焱

吕晨光

前 言
PREFACE

根据《机动车运行安全技术条件》（GB 7258—2017）的定义，“危险货物运输车”是指设计和制造上用于运输危险货物的货车、挂车、汽车列车。本手册中所介绍的“危险货物运输车（下同）”仅为其中的“货车”。

随着我国经济的高速发展，人们对危险化学品的需求日益增长，道路运输危险化学品的车辆也急剧增多。此类车辆因所运输货物的特殊属性，若存在安全隐患，极易引发重特大交通事故，是事故源头排查、车辆安全查验的重点车型。从近几年全国危险货物运输车注册登记违规情况来看，部分车辆存在车辆识别代号打刻不符合国家标准、安全装置不齐全、轮胎规格与登记信息不一致、外廓尺寸及整备质量超标、外部标识文字喷涂不规范等问题。为辅助广大查验员快速掌握危险货物运输车查验基础知识，提高查验工作效率，编写组以《机动车运行安全技术条件》（GB 7258—2017）、《机动车查验工作规程》（GA 801—2019）、《道路交通管理　机动车类型》（GA 802—2019）等标准为依据，吸收借鉴一线查验员实战经验，总结提炼危险货物运输车查验关键点，制作图文、汇集成册。

本手册各章节内容包括：依据《道路交通管理　机动车类型》（GA 802—2019），简要介绍危险货物运输车的主要车型分类，以了解危险货物运输车的查验技术基础；依据《机动车查验工作规程》（GA 801—2019）和部分车辆管理所查验工作经验，提炼总结出在办理机动车登记业务时危险货物运输车需查验的二十余项查验项目，以及整体查验流程，以帮助广大查验员掌握危险货物运输车的查验总体要求；针对每个查验项目，以图、文、表相结合的方式，讲解相关查验要求、查验方法、合格判定、常见不合格情形、标准依据等，以帮助广大查验员熟悉危险货物运输车的查验具体内容。

编　者

2021年5月

目　录
CONTENTS

一 车型分类

《道路交通管理　机动车类型》（GA 802—2019）规定了机动车类型的规格和结构分类、机动车使用性质分类，以及车辆类型的确定要求，适用于公安交管部门道路交通管理工作的各个环节，主要有注册登记查验时确定车辆类型、路面执勤执法和事故处理时确定未注册登记车辆和无牌无证车辆的车辆类型等。

依据该标准，本手册所介绍的"危险货物运输车"是指"专门用于运输剧毒化学品、爆炸品、放射性物品、腐蚀性物品等危险货物的货车"，即危险货物运输车是货车的一种，其规格分类和结构分类均可按照货车的分类标准。

危险货物运输车按照规格主要可分为重型货车、中型货车、轻型货车和微型货车。

（1）重型货车，是指最大允许总质量大于或等于 12000kg 的载货汽车。

（2）中型货车，是指车长大于或等于6000mm 或者最大允许总质量大于或等于4500kg且小于 12000kg 的载货汽车。

（3）轻型货车，是指车长小于6000mm 且最大允许总质量小于4500kg的载货汽车。

（4）微型货车，是指车长小于或等于 3500mm 且总质量小于或等于 1800kg 的载货汽车。

危险货物运输车按照结构主要包括栏板货车、厢式货车、罐式货车、特殊结构货车、半挂牵引车。

（1）栏板货车，是指载货部位的结构为栏板的载货汽车（包括具有随车起重装置的栏板载货汽车），但不包括多用途货车、具有自动倾卸装置的载货汽车。

（2）厢式货车，是指载货部位的结构为厢体且与驾驶室各自独立的载货汽车；除翼开式车辆外，厢体的顶部应封闭、不可开启。

（3）罐式货车，是指载货部位的结构为封闭罐体的载货汽车。

（4）特殊结构货车，是指专门运输特定物品、载货部位为特殊结构的载货汽车，包括未固定安装专用货箱的专用汽车，但不包括车辆运输车。如：混凝土搅拌运输车、车厢可卸式垃圾车、气瓶运输车。

（5）半挂牵引车，是指装备有特殊装置用于牵引半挂车的汽车。

需要注意的是，设计和制造上专门用于运输危险货物是指：对于国产的危险货物运输车，只有车辆名称上能够体现危险货物运输的车型（如运油车），或《道路机动车辆生产企业及产品公告》、机动车整车出厂合格证上注明“适用于危险货物运输”的车型，才允许申请“危化品运输”使用性质；对于进口的危险货物运输车，对应车型的《强制性认证证书》和该车辆的《进口机动车辆随车检验单》《车辆一致性证书》等凭证和技术文件上应对其是否 “适用于危险货物运输”加以说明。

二 查验项目

《机动车查验工作规程》（GA 801—2019）规定了机动车查验项目、查验要求和检验监督要求，适用于办理机动车业务时对机动车进行查验，也适用于公安机关交通管理部门对机动车安全技术检验进行监督。

危险货物运输车登记查验项目

序号	项目名称	图　示
1	车辆识别代号（含货箱或常压罐体打刻的车辆识别代号）	
2	发动机（驱动电机）号码	
3	机动车标准照片	

续上表

序号	项目名称	图　示
4	车辆类型、车身颜色	
5	车辆外观形状	
6	外部标识/文字、喷涂	
7	车辆品牌、型号	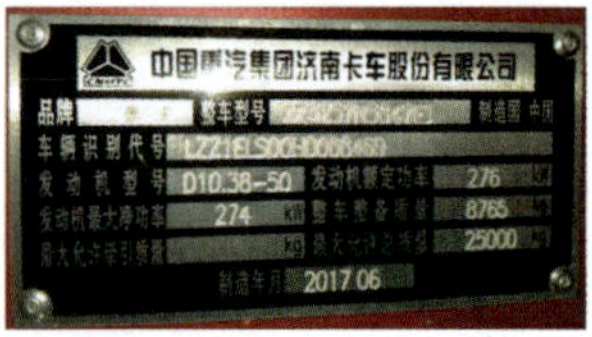
8	号牌	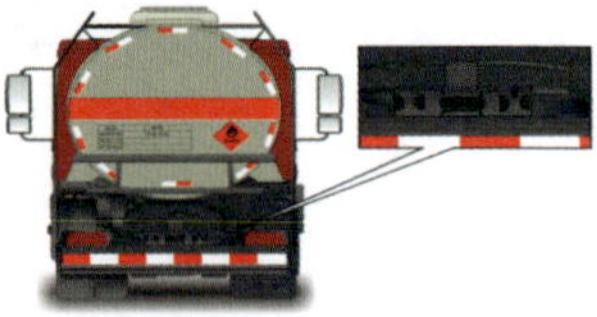
9	车身反光标识	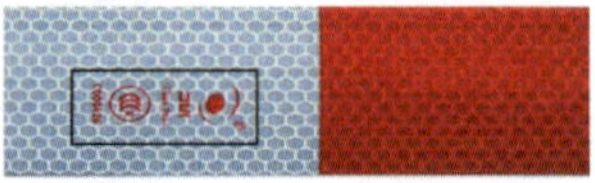

续上表

序号	项目名称	图　示
10	车辆尾部标志板	
11	限速功能或限速装置	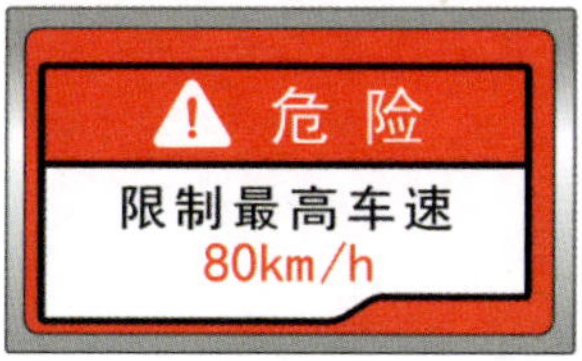
12	外接充电接口	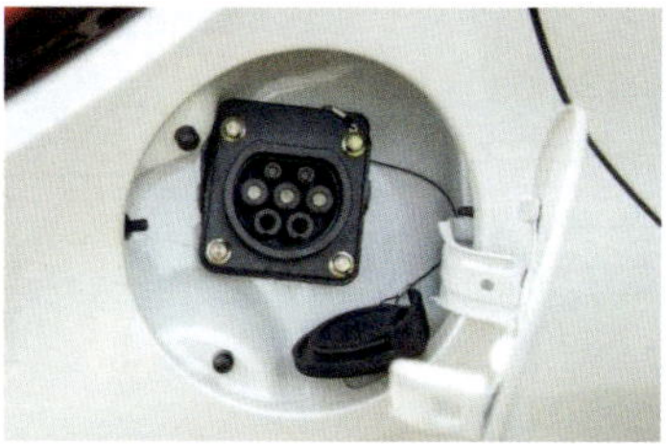
13	拓印膜	
14	侧后部防护	
15	三角警告牌、反光背心	 

续上表

序号	项目名称	图　　示
16	灭火器	
17	轮胎完好情况及轮胎规格	
18	盘式制动器	
19	轴数、轴距	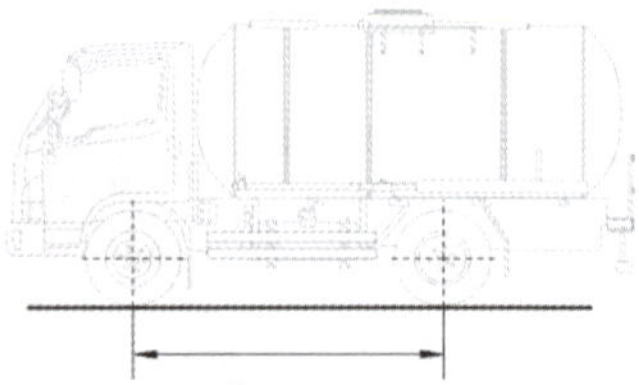

续上表

序号	项目名称	图　　示
20	外廓尺寸	
21	整备质量	
22	核定载人数、座椅数量	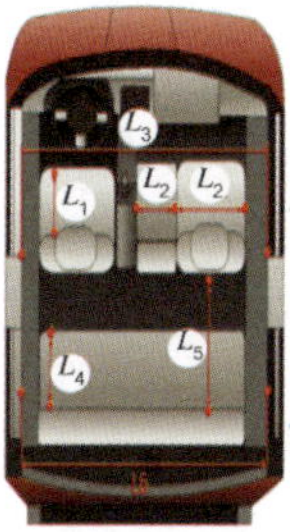 前排座位 当每个座垫深L_1≥400mm，座垫宽L_2≥400时，L_3≥1200mm时，则核定2人；L_3≥1650mm时，则核定3人。 后排座位 当L_4≥400mm，L_5≥650mm时，L_6每400mm核定1人，即1200mm时，核定3人。
23	安全带	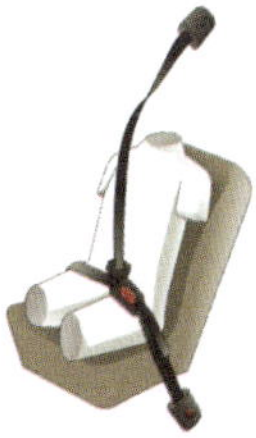
24	行驶记录装置	

续上表

序号	项目名称	图　　示
25	防抱死制动装置	
26	辅助制动装置	

如果是进口车，还应增加对外部照明和信号装置的配置和光色、车速里程表指示、排气管布置和中文警告性文字的查验。

三 查验流程

机动车查验工作应当遵循严格、公正、规范、便民的原则。为提高查验工作质效，避免查验项目缺项、漏项，确保查验员准确、高效完成机动车查验工作，各地总结了多种查验方法，本手册以点、线、面”查验工作法为例，介绍危险货物运输车的查验工作流程，各地可结合本地实际，创新更多查验工作法。

“点、线、面”查验工作法是指查验员在机动车查验过程中，按照顺时针的方向围绕被查验的车辆，在一个“面”内，对不同“线”上的多个“点”进行的车辆查验合格性确认过程。“点”是指具体的机动车查验项目；“线”是指多个机动车查验项目“点”连接形成的“线”；“面”是指查验员围绕机动车顺时针移动，随站位和视角变换形成的“面”。根据“点、线、面”查验工作法，危险货物运输车的查验工作从车辆正前方开始，按照顺时针方向依次查验车辆正前方、右侧、正后方、左侧、驾驶室内部等方位的规定查验项目，在各方位内，按照从右至左、从上至下的原则，逐项确认车内外具体查验项目是否合格。

“点、线、面”查验工作法

步骤	方　位	项　目
1	 车辆正前方	（1）机动车整车出厂合格证明等技术资料信息； （2）《道路机动车辆生产企业及产品公告》、机动车整车出厂合格证明等技术资料的各项技术参数； （3）安检报告； （4）整备质量； （5）车辆外观形状； （6）车辆类型； （7）车身颜色； （8）厂标； （9）号牌板架； （10）前轴轮胎花纹
2		右前部： （1）右侧车辆外观； （2）驾驶室门喷涂； （3）车辆识别代号； （4）发动机型号和出厂编号； （5）产品标牌； （6）前轴轮胎规格及完好情况； （7）盘式制动器； （8）辅助制动装置
3	 车辆右侧	右中部： （1）外廓尺寸； （2）外部标识、文字、喷涂； （3）货箱内外尺寸或栏板高度； （4）轴数、轴距； （5）侧防护； （6）车身反光标识； （7）橙色（或与公告照片一致的其他颜色）反光带
4		右后部： （1）轮胎规格及完好情况； （2）灭火器

续上表

步骤	方　位	项　目
5	 车辆正后方	（1）后部车辆外观形状，外部标识、文字喷涂； （2）车身宽度； （3）车身反光标识； （4）尾部标志板； （5）后防护装置（离地高度、间隔长度、截面厚度）； （6）号牌板架
6	 车辆左侧	左侧项目与右侧对称查验，重点关注以下项目。 左前部： （1）轮胎规格及完好情况； （2）驾驶室喷涂
7		左中部： （1）侧面防护装置； （2）车身反光标识、反光带、喷涂
8		左后部： （1）左侧车辆外观形状； （2）轮胎规格及完好情况
9	 驾驶室内部	（1）ABS指示灯； （2）行驶记录仪； （3）辅助制动操纵开关或相关资料； （4）核定载人数、座椅数量、尺寸及布置形式； （5）安全带

四 查验内容

1 车辆识别代号

1 查验要求

对申请以下登记业务的危险货物运输车，查验车辆识别代号：

（1）注册登记；

（2）转移登记；

（3）变更登记（变更车身颜色；改变使用性质；更换车身或者车架；更换发动机；因质量问题更换整车；转入；变更迁出）；

（4）变更备案（重新打刻车辆识别代号、重新打刻发动机号码）；

（5）申领、补领机动车登记证书；

（6）监督重点车辆报废解体；

（7）申请换发新能源汽车专用号牌。

2 查验方法

查验车辆识别代号时，应实车查看车辆识别代号的字母和数字，核对是否与机动车整车出厂合格证明、《货物进口证明书》《机动车行驶证》等凭证或者机动车登记信息一致，确认车辆识别代号有无被凿改等嫌疑。

对于2018年1月1日起出厂的，总质量大于或等于12000kg的栏板式、仓栅式、自卸式、罐式货车及总质量大于或等于10000kg的栏板式、仓栅式、自卸式、罐式挂车，还应查验其货箱或常压罐体上是否按规定打刻了车辆识别代号。

办理机动车注册登记、转移登记、更换车身或者车架、更换整车、转入、变更迁出、申领机动车登记证书业务及重新打刻车辆识别代号变更备案时，应核对车辆识别代号拓印膜与实车打刻的车辆识别代号的字体、间距（或拍摄/制作打刻的车辆识别代号1：1还原照片），使用机动车查验智能终端拍摄打刻的车辆识别代号照片；属于重新打刻车辆识别代号的，收存重新打刻的车辆识别代号拓印膜。

注册登记查验时，还应按车辆产品使用说明书（或其他经主管部门认可的技术资料，如车辆产品一致性证书）的标示确定打刻的车辆识别代号的位置是否符合规定，使用机动车查验智能终端拍摄货箱或常压罐体上打刻的车辆识别代号照片。

工作建议：确认并取证留存车辆识别代号打刻位置（尤其注意货箱或常压罐体上打刻的车辆识别代号）及背景特征（车架号与周边显著标志物的坐标）、打刻字高、深度，确认有无明显凿改、打磨、挖补、垫片等处理痕迹。手摸车辆识别代号正面或者背面钢板是否平整，以及观察打刻车辆识别代号的钢板与车身的连接部位是否存在整体焊接等情况，必要时可以用化油器清洗剂或脱漆剂喷洗车辆识别代号位置、车身连接部位，以及容易产生嫌疑问题的位置（注意货箱或常压罐体上打刻车辆识别代号部位），根据漆面的清洗情况判断是否存在凿改、刻画、挖补、焊接等情况。

常用机动车识别代号辅助查验工具有强光手电、清洗剂、螺丝刀、放大镜、伸缩自发光反光镜等，专业设备包括内窥镜、蛇管视频探测仪、探伤仪、ECU（OBD）读取仪、脱漆剂等，如下图所示。

强光手电伸

缩自发光反光镜

放大镜

内窥镜

ECU（OBD）读取仪

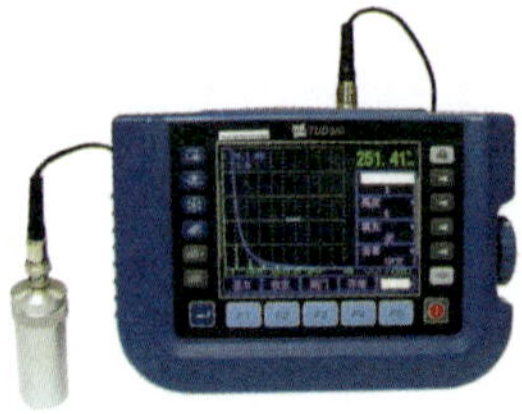

探伤仪

3 合格判定

要点一： 车辆具有唯一的车辆识别代号，打刻的车辆识别代号应易见且易于拓印，其内容应与相关凭证（机动车整车出厂合格证明、《货物进口证明书》或《机动车行驶证》）记载及整车产品标牌标明的车辆识别代号内容一致，并且不应有明显的更改、变动、凿改、挖补、打磨痕迹或垫片、擅自另外打刻等痕迹。在用车辆识别代号的字符特征、字符间隙及背景特征应与历史查验记录一致。

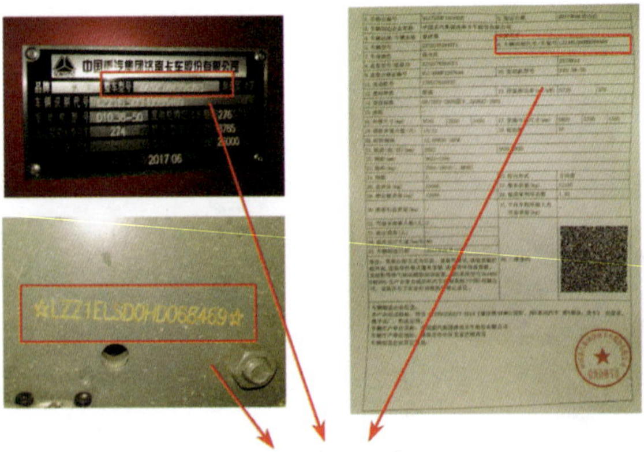

车辆识别代号一致

国产机动车整车出厂合格证明、整车产品标牌、实车车辆识别代号内容一致。

要点二：车辆识别代号应至少有一个打刻在车架（无车架的机动车为车身主要承载且不能拆卸的部件）上能防止锈蚀、磨损的部位。

2019年1月1日起出厂的，总质量大于或等于12000kg的货车，车辆识别代号应打刻在右前轮纵向中心线前端纵梁外侧，如受结构限制也可打刻在右前轮纵向中心线附近纵梁外侧。其他汽车的车辆识别代号应打刻在右侧前部的车辆结构件上，如受结构限制也可打刻在右侧其他车辆结构件上。

2018年1月1日起出厂的，总质量大于或等于12000kg的栏板式、仓栅式、自卸式、罐式货车及总质量大于或等于10000kg的栏板式、仓栅式、自卸式、罐式挂车，还应在其货箱或常压罐体（或固定在货箱或常压罐体上且用于与车架连接的结构件）上打刻至少两个车辆识别代号；打刻的车辆识别代号应位于货箱（常压罐体）左、右两侧或前端面且易于拍照；且若打刻在货箱（常压罐体）左、右两侧时距货箱（常压罐体）前端面的距离应小于或等于1000mm，若打刻在左、右两侧连接结构件时应尽量靠近货箱（常压罐体）前端面。（具体打刻位置可以查看产品说明书）

在用车因腐蚀、交通事故等原因造成打刻的车辆识别代号无法确认需重新打刻的，应按照原号码打刻新的车辆识别代号，且在打刻时不应把原始号码打磨掉；在用车更换车身或车架的，更换的车身或车架上应按规定打刻原车辆识别代号的号码。重新打刻的车辆识别代号的打刻位置，宜尽可能符合《机动车运行安全技术条件》（GB 7258—2017）的4.1.3的规定。

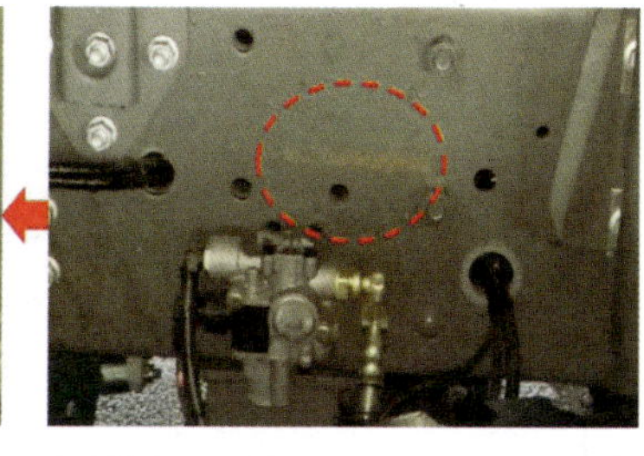

车辆识别代号打刻位置示例，注意记录打刻车辆识别代号“LSD”字母下方有孔洞、右侧星号下方有螺钉等打刻坐标特征

要点三：打刻的车辆识别代号（或产品识别代码、整车型号和出厂编号）从上（前）方应易于观察、拓印；对于2018年1月1日起出厂的汽车还应能拍照。打刻的车辆识别代号的字母和数字的字高应大于或等于7.0mm、深度应大于或等于0.3mm。打刻的整车型号和出厂编号字高应为10.0mm，深度应大于或等于0.3mm。打刻的车辆识别代号（或产品识别代码、整车型号和出厂编号）总长度应小于或等于200mm，字母和数字的字体和大小应相同（打刻在不同部位的车辆识别代号除外）；打刻的车辆识别代号两端有起止标记的，起止标记与字母、数字的间距应紧密、均匀。

车辆识别代号打刻高度和深度

要点四：打刻车辆识别代号（或产品识别代码、整车型号和出厂编号）的部件不应采用打磨、挖补、垫片、凿改、重新涂漆（设计和制造上为保护打刻的车辆识别代号而采取涂漆工艺的情形除外）等方式处理，但若注册登记查验时发现打刻的车辆识别代号及其附近可视区域存在局部打磨、涂漆等加工处理痕迹时，若上述痕迹不足以影响管理部门对车辆识别代号的识别和认定，不应简单认定为不符合《机动车运行安全技术条件》（GB 7258—2017）的要求。2014年9月1日起出厂的汽车，从上（前）方观察时打刻区域周边足够大面积的表面不应有任何覆盖物；如有覆盖物，该覆盖物的表面应明确标示“车辆识别代号”或“VIN”字样，且覆盖物在不使用任何专用工具的情况下能直接取下（或揭开）及复原，以方便地观察到足够大的包括打刻区域的表面（指打刻车辆识别代号的部件的全部表面；但所暴露表面能满足查看打刻车辆识别代号的部件有无挖补、重新焊接、粘贴等痕迹的需要时，也应视为满足要求），能够观察车辆识别代号背景特征及车架号与周边显著标志物的坐标。

要点五：总质量小于或等于3500kg的货车应在靠近风窗玻璃立柱的位置设置能永久保持的车辆识别代号标识；该标识从车外应能清晰地识读，非经破坏性操作不能被完整取下。

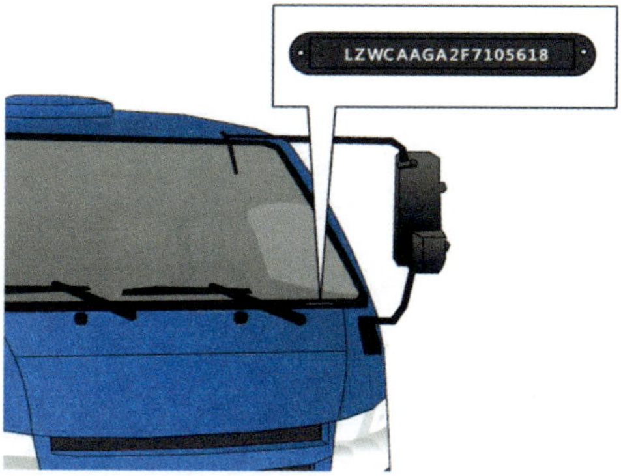

风窗玻璃立柱处的车辆识别代号标识

风窗玻璃处车辆识别代号标识可随手取下

要点六：车辆识别代号的年份位、检验位等内容和构成应符合现行国家标准《道路车辆　车辆识别代号（VIN）》（GB 16735）的规定；其中，字母仅能采用大写的罗马字母，但I、O及Q不能使用；数字仅能采用阿拉伯数字0至9；车辆识别代号的第10位为年份位，可为制造车辆的历法年份或车辆制造厂决定的车型年份，但数字0和字母I、O、Q、U、Z不能使用。同一辆车上不允许既打刻车辆识别代号，又打刻整车型号和出厂编号。同一辆车上标识的所有车辆识别代号（包括电子控制单元记载的车辆识别代号）内容应相同。车辆识别代号（或产品识别代码、整车型号和出厂编号）一经打刻不应更改、变动，但按《道路车辆　车辆识别代号（VIN）》

（GB 16735）的规定重新标示或变更的除外。2004年10月1日前出厂的改装汽车，可能有两个不同内容的车辆识别代号，此时应有一个车辆识别代号的内容与相关凭证相同。必要时，还应检查车辆识别代号的内容和构成。

知识拓展

车辆具有唯一的车辆识别代号，其内容和构成应符合现行国家标准《道路车辆　车辆识别代号（VIN）》（GB 16735）的规定。

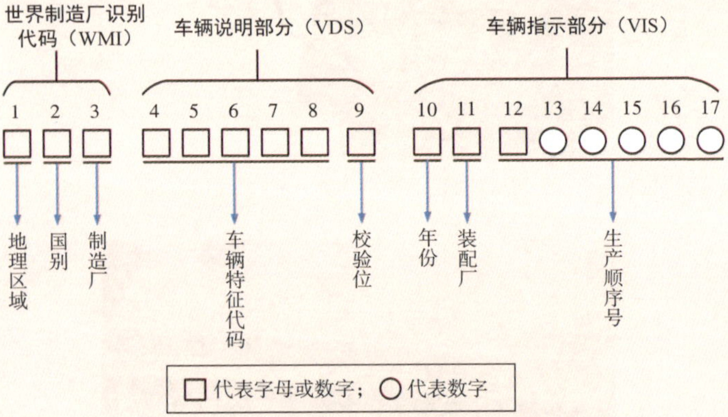

车辆识别代号内容和构成

车辆识别代号解析

VIN位数	WMI位数	代码说明
1	1	地理区域代码，如非洲、亚洲、欧洲、大洋洲、北美洲和南美洲
2	2	国家代号
3	3	制造厂代码，由各国的授权机构负责分配
4	1	描述车型特征，其代码及顺序由车辆制造厂决定。车型特征描述可包括： （1）车辆类型； （2）车辆结构特征（如车身类型、驾驶室类型、货厢类型、驱动类型、轴数及布置方式等）； （3）装置特征（如约束系统类型、发动机特征、变速器类型、悬架类型、制动形式等）； （4）车辆技术特性参数（如车辆最大总质量、车辆长度、轴距、座位数等）
5	2	
6	3	
7	4	
8	5	

VIN位数	WMI位数	代码说明
9	6	校验位，可为“0~9”中任一数字或字母“X”，用以核对车辆识别代号记录的准确性
10	1	车型年份
11	2	装配厂。0代表原厂装配
12~17	3~8	生产顺序号。一般情况下，车辆制造厂进行车辆召回时，都是针对某一顺序号范围内的车辆，即某一批次的车辆

车辆识别代号年份代码表

年份(年)	代码	年份(年)	代码	年份(年)	代码	年份(年)	代码
2001	1	2011	B	2021	M	2031	1
2002	2	2012	C	2022	N	2032	2
2003	3	2013	D	2023	P	2033	3
2004	4	2014	E	2024	R	2034	4
2005	5	2015	F	2025	S	2035	5
2006	6	2016	G	2026	T	2036	6
2007	7	2017	H	2027	V	2037	7
2008	8	2018	J	2028	W	2038	8
2009	9	2019	K	2029	X	2039	9
2010	A	2020	L	2030	Y	2040	A

4 常见不合格情形

常见不合格情形如下。

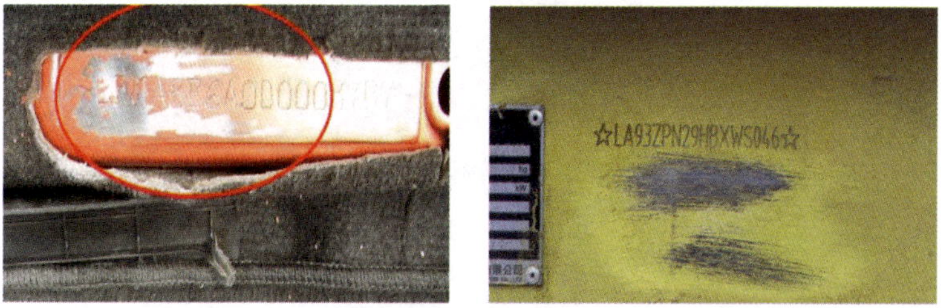

平台打磨后重新打刻

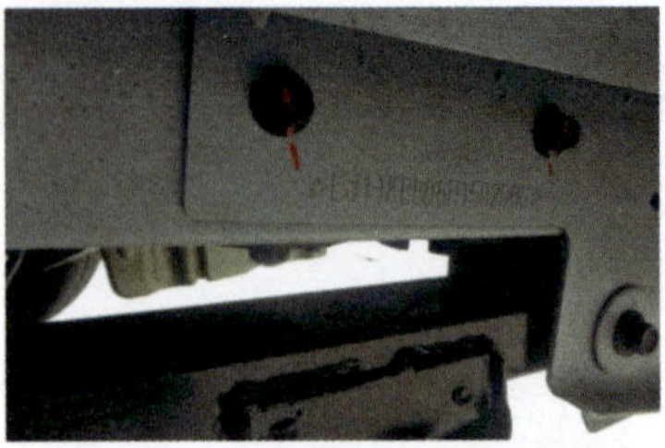
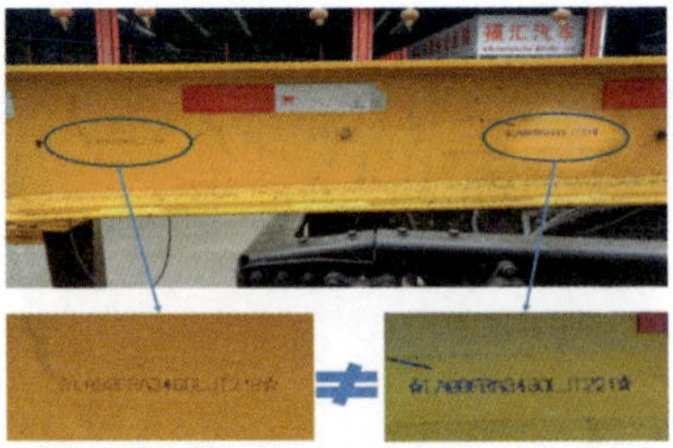

打刻在易于拆卸部件有两组不同的车辆识别代号

周边有覆盖物，不能直接取下（或揭开）及复原，以方便地观察到足够大的包括打刻区域的表面

打磨

原车辆识别代号打磨后重新涂漆

原车辆识别代号打磨后重新打刻，坐标位置改变，背景特征改变

5 标准依据

车辆识别代号查验判定标准依据如下。

车辆识别代号查验判定标准依据

名　称	章节	条　款
《机动车查验工作规程》（GA 801—2019）	5.11	查验车辆识别代号时，应实车查看车辆识别代号的字母和数字，核对是否与机动车整车出厂合格证明、《货物进口证明书》《机动车行驶证》等凭证或者机动车登记信息一致，确认车辆识别代号有无被凿改等嫌疑；对2018年1月1日起出厂的总质量大于或等于12000kg的栏板式、仓栅式、自卸式、罐式货车及总质量大于或等于10000kg的栏板式、仓栅式、自卸式、罐式挂车，还应查验其货箱或常压罐体上是否按规定打刻了车辆识别代号。办理机动车注册登记、转入、转移登记、变更迁出、更换车身或者车架、更换整车、申领机动车登记证书业务及重新打刻车辆识别代号变更备案时，应核对车辆识别代号拓印膜与实车打刻的车辆识别代号的字体、间距（或拍摄/制作打刻的车辆识别代号1∶1还原照片），使用机动车查验智能终端拍摄打刻的车辆识别代号照片；属于重新打刻车辆识别代号的，收存重新打刻的车辆识别代号拓印膜。注册登记查验时，还应按车辆产品使用说明书（或其他经主管部门认可的技术资料，如车辆产品一致性证书）的标示确定打刻的车辆识别代号的位置是否符合规定，使用机动车查验智能终端对货箱或常压罐体上打刻的车辆识别代号进行拍照

续上表

名　称	章节	条　款
《机动车查验工作规程》（GA 801—2019）	附录A 表A.1	汽车、摩托车、半挂车、2012年9月1日起出厂的中置轴挂车和2014年9月1日起出厂的牵引杆挂车应具有唯一的车辆识别代号，且应至少有一个车辆识别代号打刻在车架（无车架的机动车为车身主要承载且不能拆卸的部件）能防止锈蚀、磨损的部位上，2013年3月1日起出厂的乘用车和总质量小于或等于3500kg的货车（低速汽车除外）还应在靠近风窗玻璃立柱的位置设置能永久保持的、从车外能清晰识读的车辆识别代号标识；轮式专用机械车应在右侧前部的车辆结构件上打刻产品识别代码（或车辆识别代号），如受结构限制也可打刻在右侧其他车辆结构件上；其他机动车应打刻整车型号和出厂编号，型号在前，出厂编号在后，出厂编号两端应打刻起止标记。2019年1月1日起出厂的，总质量大于或等于12000kg的货车、货车底盘改装的专项作业车及所有牵引杆挂车，车辆识别代号应打刻在右前轮纵向中心线前端纵梁外侧，如受结构限制也可打刻在右前轮纵向中心线附近纵梁外侧；半挂车和中置轴挂车（无纵梁的除外）的车辆识别代号应打刻在右前支腿前端纵梁外侧。 打刻车辆识别代号（或产品识别代码、整车型号和出厂编号）的部件不应有明显的采用打磨、挖补、垫片、凿改、重新涂漆（为保护打刻的车辆识别代号而采取涂漆工艺的情形除外）等方式处理的痕迹；打刻的车辆识别代号应易见且易于拓印，其内容应与相关凭证（机动车整车出厂合格证明、《货物进口证明书》或《机动车行驶证》）记载及整车产品标牌标明的车辆识别代号内容一致，并且不应有明显的更改、变动、凿改、挖补、打磨痕迹或垫片、擅自另外打刻等痕迹；对2018年1月1日起出厂的汽车和挂车，还应能拍照；对摩托车，打刻的车辆识别代号在不举升车辆的情形下可观察、拓印的，应视为满足要求。2014年9月1日起出厂的汽车、摩托车、半挂车和中置轴挂车，打刻的车辆识别代号从上（前）方观察时打刻区域周边足够大面积的表面不应有任何覆盖物；如有覆盖物，覆盖物的表面应明确标示“车辆识别代号”或“VIN”字样，且覆盖物在不使用任何专用工具的情况下能直接取下（或揭开）及复原。 2018年1月1日起出厂的总质量大于或等于12000kg的栏板式、仓栅式、自卸式、罐式货车及总质量大于或等于10000kg的栏板式、仓栅式、自卸式、罐式挂车，还应在其货箱或常压罐体（或固定在货箱或常压罐体上且用于与车架连接的结构件）上打刻至少两个车辆识别代号；打刻的车辆识别代号应位于货箱（常压罐体）左、右两侧或前端面且易于拍照；且若打刻在货箱（常压罐体）左、右两侧时距货箱（常压罐体）前端面的距离应小于或等于1000mm，若打刻在左、右两侧连接结构件时应尽量靠近货箱（常压罐体）前端面。

续上表

<table>
<tr><th>名称</th><th>章节</th><th>条款</th></tr>
<tr><td rowspan="2">《机动车查验工作规程》（GA 801—2019）</td><td>附录A
表A.1</td><td>车辆识别代号的年份位、检验位等内容和构成应符合GB 16735的规定；其中，字母仅能采用大写的罗马字母，但I、O及Q不能使用；数字仅能采用阿拉伯数字0至9；车辆识别代号的第10位为年份位，可为制造车辆的历法年份或车辆制造厂决定的车型年份，但数字0和字母I、O、Q、U、Z不能使用。同一辆车上不允许既打刻车辆识别代号，又打刻整车型号和出厂编号。同一辆车上标识的所有车辆识别代号（包括电子控制单元记载的车辆识别代号）内容应相同。车辆识别代号（或产品识别代码、整车型号和出厂编号）一经打刻不应更改、变动，但按GB 16735的规定重新标示或变更的除外。2004年10月1日前出厂的改装汽车，可能有两个不同内容的车辆识别代号，此时应有一个车辆识别代号的内容与相关凭证相同。
注册登记查验时，发现打刻的车辆识别代号及其附近可视区域存在局部打磨、涂漆等加工处理痕迹时，若上述痕迹不足以影响管理部门对车辆识别代号的识别和认定，不应简单认定为不符合GB 7258国家标准的要求。
在用车因腐蚀、交通事故等原因造成打刻的车辆识别代号无法确认需重新打刻的，应按照原号码打刻新的车辆识别代号，且在打刻时不应把原始号码打磨掉；在用车更换车身或车架的，更换的车身或车架上应按规定打刻原车辆识别代号的号码。重新打刻的车辆识别代号的打刻位置，宜尽可能符合GB 7258—2017的4.1.3的规定</td></tr>
<tr><td>4.1.3</td><td>汽车、摩托车、挂车应具有唯一的车辆识别代号，其内容和构成应符合GB 16735的规定；应至少有一个车辆识别代号打刻在车架（无车架的机动车为车身主要承载且不能拆卸的部件）能防止锈蚀、磨损的部位上。
乘用车的车辆识别代号应打刻在发动机舱内能防止替换的车辆结构件上，或打刻在车门立柱上，如受结构限制没有打刻空间时也可打刻在右侧除行李舱外的车辆其他结构件上；对总质量大于或等于12000kg的货车、货车底盘改装的专项作业车及所有牵引杆挂车，车辆识别代号应打刻在右前轮纵向中心线前端纵梁外侧，如受结构限制也可打刻在右前轮纵向中心线附近纵梁外侧；对半挂车和中置轴挂车，车辆识别代号应打刻在右前支腿前端纵梁外侧（无纵梁的除外）；其他汽车和无纵梁挂车的车辆识别代号、轮式专用机械车的产品识别代码（或车辆识别代号）应打刻在右侧前部的车辆结构件上，如受结构限制也可打刻在右侧其他车辆结构件上。其他机动车（摩托车除外）应在相应的易见位置打刻整车型号和出厂编号，型号在前，出厂编号在后，在出厂编号的两端应打刻起止标记。</td></tr>
</table>

续上表

名　称	章节	条　款
《机动车查验工作规程》（GA 801—2019）	4.1.3	打刻车辆识别代号（或产品识别代码、整车型号和出厂编号）的部件不应采用打磨、挖补、垫片、凿改、重新涂漆（设计和制造上为保护打刻的车辆识别代号而采取涂漆工艺的情形除外）等方式处理，从上（前）方观察时打刻区域周边足够大面积的表面不应有任何覆盖物；如有覆盖物，该覆盖物的表面应明确标示“车辆识别代号”或“VIN”字样，且覆盖物在不使用任何专用工具的情况下能直接取下（或揭开）及复原，以方便地观察到足够大的包括打刻区域的表面。 打刻的车辆识别代号（或产品识别代码、整车型号和出厂编号）从上（前）方应易于观察、拓印；对于汽车和挂车还应能拍照。打刻的车辆识别代号的字母和数字的字高应大于或等于7.0mm、深度应大于或等于0.3mm（乘用车及总质量小于或等于3500kg的封闭式货车深度应大于或等于0.2mm），但摩托车字高应大于或等于5.0mm、深度应大于或等于0.2mm。打刻的整车型号和出厂编号字高应为10.0mm，深度应大于或等于0.3mm。打刻的车辆识别代号（或产品识别代码、整车型号和出厂编号）总长度应小于或等于200mm，字母和数字的字体和大小应相同（打刻在不同部位的车辆识别代号除外）；打刻的车辆识别代号两端有起止标记的，起止标记与字母、数字的间距应紧密、均匀。 车辆识别代号（或产品识别代码、整车型号和出厂编号）一经打刻不应更改、变动，但按GB 16735的规定重新标示或变更的除外。同一辆机动车的车架（无车架的机动车为车身主要承载且不能拆卸的部件）上，不应既打刻车辆识别代号（或产品识别代码），又打刻整车型号和出厂编号。同一辆车上标识的所有车辆识别代号内容应相同
《机动车运行安全技术条件》（GB 7258—2017）	4.1.6	乘用车和总质量小于或等于3500kg的货车（低速汽车除外）应在靠近风窗立柱的位置设置能永久保持的车辆识别代号标识；该标识从车外应能清晰地识读，且非经破坏性操作不能被完整取下
	4.1.8	除按照4.1.2、4.1.3、4.1.5标示车辆识别代号之外，总质量大于或等于12000kg的栏板式、仓栅式、自卸式、罐式货车及总质量大于或等于10000kg的栏板式、仓栅式、自卸式、罐式挂车还应在其货箱或常压罐体（或设计和制造上固定在货箱或常压罐体上且用于与车架连接的结构件）上打刻至少两个车辆识别代号。打刻的车辆识别代号应位于货箱（常压罐体）左、右两侧或前端面且易于拍照，深度、高度和总长度应符合4.1.3的规定；且若打刻在货箱（常压罐体）左、右两侧时距货箱（常压罐体）前端面的距离应小于或等于1000mm，若打刻在左、右两侧连接结构件时应尽量靠近货箱（常压罐体）前端面

续上表

名　称	章节	条　款
《机动车运行安全技术条件》（GB 7258—2017）	4.1.10	对机动车进行改装或修理时，不应对车辆识别代号（或整车型号和出厂编号）、发动机型号和出厂编号、零部件编号、产品标牌、发动机标识等整车标志进行遮盖（遮挡）、打磨、挖补、垫片等处理及凿孔、钻孔等破坏性操作，也不应破坏或未经授权修改电子控制单元（ECU）等记载的车辆识别代号

2 发动机（驱动电机）号码

1 查验要求

对申请以下登记业务的危险货物运输车，查验发动机（驱动电机，下同）号码（包括发动机型号和出厂编号）：

（1）注册登记；

（2）转移登记；

（3）变更登记（更换车身或者车架；更换发动机；因质量问题更换整车；转入；变更迁出）；

（4）变更备案（重新打刻车辆识别代号、重新打刻发动机号码）；

（5）申请换发新能源汽车专用号牌。

2 查验方法

注册登记查验发动机号码时，应实车查看打刻（或铸出）的发动机型号和出厂编号，核对是否与机动车整车出厂合格证明、《货物进口证明书》等凭证一致，确认发动机号码有无被凿改等嫌疑；不易观察时可掀起驾驶室或使用内窥镜观察，用手摸发动机号码位置，查看打刻平台是否平整及是否有接缝、焊点、粘贴情况。在查验时，应避免被发动机烫伤或被锋利金属划伤。如打刻（或铸出）的发动机型号和出厂编号确实不易见，只查看发动机易见部位或覆盖件上能永久保持的标有发动机型号和出厂编号的标识。无论查验实车打刻的发动机号码还是标识，都建议注意并采集字符特征、字符间隙、打刻或粘贴位置及背景特征。

因更换发动机申请变更登记的，查验安全技术检验合格证明上记载的发动机型号和出厂编号是否符合规定，在《机动车查验记录表》上记录相关信息。

对更换发动机时不属于打刻原发动机号码的，在《机动车查验记录表》的备注栏内记录新的发动机型号和出厂编号。

非注册登记查验时，查验发动机标识记载的内容或可见的发动机号码是否与登记信息一致；发现更换了发动机的，按照规定予以变更登记；发现登记错误的，按照规定予以档案更正；对发动机标识缺失或发动机标识的内容与打刻（或铸出）的发动机型号和出厂编号不一致的，确认、排除嫌疑并记录相关信息后予以办理。

对于2004年4月30日前注册登记的机动车，有疑问的应核对发动机出厂编号拓印膜。

3 合格判定

要点一：注册登记查验时，相关凭证上记载的“发动机型号和出厂编号”应与发动机标识上标明的发动机型号和出厂编号（或发动机缸体上打刻或铸出的、易见的发动机型号和出厂编号）及整车产品标牌上标明的发动机型号一致。

在用车查验时，已采集发动机标识（或可见的发动机号码）电子照片的，实车的发动机标识（或可见的发动机号码）与电子照片一致的，视为合格。

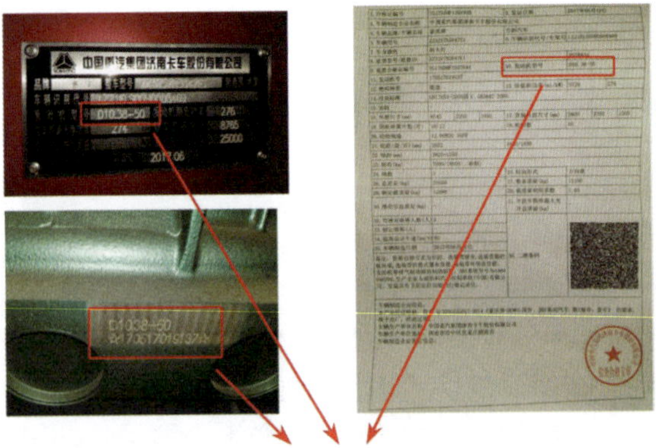

发动机型号一致

实车打刻的发动机号码与整车标牌、相关凭证证明一致

在用车更换发动机的，更换的发动机型号应与登记的发动机型

号一致，但对国产车也可以为《道路机动车辆生产企业及产品公告》对应车型许可选装的其他发动机型号；其他情况下，实车的发动机标识缺失的，确认无私自更换发动机情形的，记录相关信息后视为合格。

要点二：发动机型号和出厂编号打刻或铸在汽缸体上且应能永久保持，无明显的凿改、挖补、打磨痕迹或擅自另外打刻等异常情形。

符合标准要求的打刻（或铸出）的发动机型号和出厂编号（补充）

要点三：如打刻（或铸出）的发动机型号和出厂编号不易见，应在发动机易见部位增加能永久保持的发动机型号和出厂编号的标识。

注：2004年10月1日前出厂的机动车打刻的发动机型号和出厂编号不易见时，其发动机的易见部位不一定有发动机标识。

需要注意的是：2013年3月1日起出厂的纯电动汽车、插电式混合动力汽车、燃料电池汽车，检查主驱动电机壳体上打刻的电动机型号和编号；如打刻的电动机型号和编号被覆盖，通过观察口检查，或检查覆盖件是否有能够永久保持的电动机型号和编号的标识。

4 常见不合格情形

常见不合格情形如下。

发动机号码垫片

发动机号码平台打磨

5 标准依据

发动机（驱动电机）号码查验判定标准依据如下。

发动机（驱动电机）号码查验判定标准依据

名　称	章节	条　款
《机动车查验工作规程》（GA 801—2019）	5.12	注册登记查验发动机（驱动电机，下同）号码时，应实车查看打刻（或铸出）的发动机型号和出厂编号，核对是否与机动车整车出厂合格证明、《货物进口证明书》等凭证一致，确认发动机号码有无被凿改等嫌疑；如打刻（或铸出）的发动机型号和出厂编号不易见，只查看发动机易见部位或覆盖件上能永久保持的标有发动机型号和出厂编号的标识。因更换发动机申请变更登记的，查验安全技术检验合格证明上记载的发动机型号和出厂编号是否符合规定，在《机动车查验记录表》上记录相关信息；对更换发动机时不属于打刻原发动机号码的，在《机动车查验记录表》的备注栏内记录新的发动机型号和出厂编号。非注册登记查验时，查验发动机标识记载的内容或可见的发动机号码是否与登记信息一致；发现更换了发动机的，按照规定予以变更登记；发现登记错误的，按照规定予以档案更正；对发动机标识缺失或发动机标识的内容与打刻（或铸出）的发动机型号和出厂编号不一致的，确认、排除嫌疑并记录相关信息后予以办理；对2004年4月30日前注册登记的机动车，有疑问的应核对发动机出厂编号拓印膜
	附录A 表A.1	发动机型号和出厂编号应打刻（或铸出）在汽缸体上且应能永久保持；打刻的发动机出厂编号不应有明显的凿改、挖补、打磨痕迹或擅自另外打刻等异常情形。若打刻（或铸出）的发动机型号和出厂编号不易见，则应在发动机易见部位增加能永久保持的发动机型号和出厂编号的标识。2013年3月1日起出厂的纯电动汽车、插电式混合动力汽车、燃料电池汽车和电动摩托车，应在驱动电机壳体上打刻电动机型号和编号；如打刻的电机型号和编号被覆盖，应留出观察口或在覆盖件上增加永久保持的电机型号和编号标识。留出的观察口原则上应便于从上（前）方观察，但若确实受结构所限制，观察口也可位于下方

续上表

名　称	章节	条　款
《机动车查验工作规程》（GA 801—2019）	附录A表A.1	注册登记查验时，相关凭证上记载的“发动机型号和出厂编号”应与发动机标识上标明的发动机型号和出厂编号（或发动机缸体上打刻或铸出的、易见的发动机型号和出厂编号）及整车产品标牌上标明的发动机型号一致。 在用车查验时，已采集发动机标识（或可见的发动机号码）电子照片的，实车的发动机标识（或可见的发动机号码）与电子照片一致的，视为合格。 在用车更换发动机的，更换的发动机型号应与登记的发动机型号一致，但对国产车也可以为《道路机动车辆生产企业及产品公告》对应车型许可选装的其他发动机型号；其他情况下，实车的发动机标识缺失的，确认无私自更换发动机情形的，记录相关信息后视为合格。 相关凭证上记载的“发动机型号和出厂编号”应与发动机缸体上打刻或铸出（或标识上标明）及整车产品标牌上标明的发动机型号和出厂编号一致。 注：2004年10月1日前出厂的机动车打刻的发动机型号和出厂编号不易见时，其发动机的易见部位不一定有发动机标识
《机动车运行安全技术条件》（GB 7258—2017）	4.1.4	发动机型号和出厂编号应打刻（或铸出）在汽缸体上且应能永久保持，在出厂编号的两端应打刻起止标记（没有打刻起止标记的空间时不打刻）；摩托车应在发动机的易见部位铸出商标或厂标，发动机出厂编号应打刻在曲轴箱易见部位，在出厂编号的两端应打刻起止标记（没有打刻起止标记的空间时不打刻）；如打刻（或铸出）的发动机型号和出厂编号不易见，则应在发动机易见部位增加能永久保持的发动机型号和出厂编号的标识。 纯电动汽车、插电式混合动力汽车、燃料电池汽车和电动摩托车应在驱动电机壳体上打刻电机型号和编号。对除轮边电机、轮毂电机外的其他驱动电机，如打刻的电机型号和编号被覆盖，应留出观察口，或在覆盖件上增加能永久保持的电机型号和编号的标识；增加的标识应易见，且非经破坏性操作不能被完整取下
	4.1.10	对机动车进行改装或修理时，不应对车辆识别代号（或整车型号和出厂编号）、发动机型号和出厂编号、零部件编号、产品标牌、发动机标识等整车标志进行遮盖（遮挡）、打磨、挖补、垫片等处理及凿孔、钻孔等破坏性操作，也不应破坏或未经授权修改电子控制单元（ECU）等记载的车辆识别代号

3 机动车标准照片

1 查验要求

对申请以下登记业务的危险货物运输车，制作或核对机动车标准照片：

（1）注册登记；

（2）转移登记；

（3）变更登记（变更车身颜色；更换车身或者车架；因质量问题更换整车；转入；变更迁出）。

2 查验方法

注册登记时核对厂家配备的机动车彩色标准照片与实车外观特征、《道路机动车辆生产企业及产品公告》一致；或使用查验智能终端（PDA）采集制作符合标准的照片，照片应能确认查验是否在专门查验区进行并识别车辆特征。

其他情况下，实车外观形状应与《机动车行驶证》上机动车标准照片记载的车辆外观形状一致（目视不应有明显区别），但装有允许自行加装部件的除外。

3 合格判定

要点一：机动车彩色标准照片应当从车前方左侧45° 拍摄。

机动车彩色标准照片

要点二：照片中机动车影像应占照片的2/3，能够清晰辨认车身颜色及外观特征，照片长度为88mm±0.5mm，宽度为60mm±0.5mm，圆角半径为4mm±0.1mm。

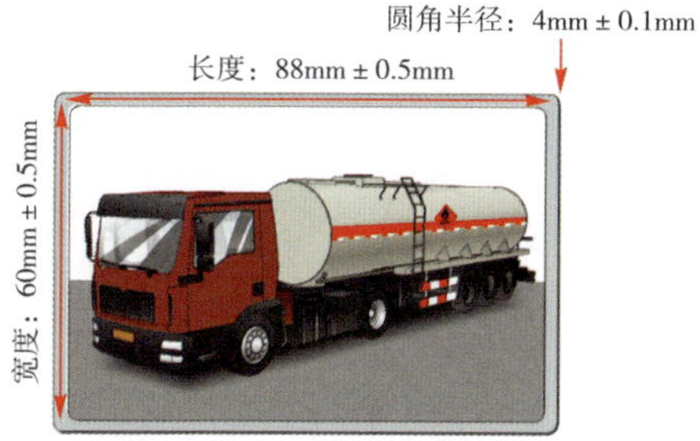

机动车标准照片规格要求

要点三：《机动车行驶证》中机动车标准照片应与查验记录表上机动车彩色标准照片一致。

4 常见不合格情形

常见不合格情形如下。

（1）不能清晰辨别车辆前后商标（厂标）和车型文字标识；

（2）角度过小或过大［不足40°或大于50°，不能看清车前（后）面和侧面的内容］；

（3）车辆在照片中显示不全；

（4）车辆在照片中过小，不足照片面积的2/3；

（5）照片光线过暗或过亮，看不清车辆的特征；

（6）有其他遮挡物；

（7）没有在专门查验区拍照。

另外，新车随车照片不符合公安部、工业和信息化部规定违规情形较多，如未随车配发机动车外部彩色标准照片，不符合《关于进一步加强道路机动车辆生产一致性监督管理和注册登记工作的通知》（工信部联产业〔2010〕453号）的规定。

5 标准依据

机动车标准照片查验判定标准依据如下。

机动车标准照片查验判定标准依据

名　称	章节	条　款
《机动车查验工作规程》（GA 801—2019）	4.1.1	对申请注册登记的机动车，应制作或核对机动车标准照片
《机动车行驶证》（GA 37—2008）	5.1.5.2	机动车外部彩色相片的规格为：长度88mm ± 0.5mm，宽度60mm ± 0.5mm，圆角半径为4mm ± 0.1mm。拍摄汽车相片时，应当从车前方左侧45° 角拍摄，拍摄摩托车和挂车相片时，应当从车后方左侧45° 角拍摄；机动车拍摄相片时，不悬挂机动车号牌，但已注册登记的机动车需要重新制作行驶证、拍摄相片时，可以悬挂机动车号牌。机动车影像应占相片的三分之二；机动车相片应当能够清晰辨认车身颜色及外观特征
《关于进一步加强道路机动车辆生产一致性监督管理和注册登记工作的通知》（工信部联产业〔2010〕453号）	—	车辆生产企业要规范整车出厂合格证式样。自2011年1月1日起，汽车（不含三轮汽车和低速货车）、半挂车产品出厂配发整车出厂合格证时要随车同时配发实车车辆识别代号的拓印膜（2份）、实车拍摄的机动车外部彩色相片（2张）

4 车身颜色

1 查验要求

对申请以下登记业务的危险货物运输车，查验车身颜色：

（1）注册登记；

（2）转移登记；

（3）变更登记（变更车身颜色；更换车身或者车架；因质量问题更换整车；转入；变更迁出）；

（4）变更备案：重新打刻车辆识别代号；

（5）申领、补领机动车登记证书。

2 查验方法

查验车辆时比对标准色卡，确认车身颜色。

确定车身颜色时，应根据实车核定；车身颜色随观察位置的不同及光线的明暗会发生变化的，应根据机动车标准照片确定相应的车身颜色。

对于单色车辆，按照机动车车身基本色调归类录入；对于多颜色车辆，只录入面积较大的三种颜色；颜色为上下结构的，从上向下录入，颜色为前后结构的，从前向后录入。车身上有装饰线、装饰条的，不按照多颜色车辆录入。

3 合格判定

注册登记查验时，按照实车核定车身颜色，核定的车身颜色与机动车整车出厂合格证明、海关《货物进口证明书》等凭证、技术资料记载的内容不一致的，或者车身颜色随观察位置不同及光线明暗会发生变化的，经确认未变更车身颜色的，记录相关情况后办理。

变更车身颜色时，按照实车填写车身颜色。其他情况下，车身颜色应与《机动车行驶证》记载的车身颜色相符。

4 常见不合格情形

查验车辆时，认定车身颜色不准确。

5 标准依据

车身颜色查验判定标准依据如下。

车身颜色查验判定标准依据

名称	章节	条款
《机动车查验工作规程》（GA 801—2019）	5.9	确定车身颜色时，应根据实车核定；车身颜色随观察位置的不同及光线的明暗会发生变化的，应根据机动车标准照片确定相应的车身颜色
	附录A 表A.1	注册登记查验时，按照实车核定车身颜色，核定的车身颜色与机动车整车出厂合格证明、海关《货物进口证明书》等凭证、技术资料记载的内容不一致的，或者车身颜色随观察位置不同及光线明暗会发生变化的，经确认未变更车身颜色的，记录相关情况后办理；变更车身颜色时，按照实车填写车身颜色。其他情况下，车身颜色应与《机动车行驶证》记载的车身颜色相符

续上表

名　称	章节	条　款
《机动车出厂合格证》（GB/T 21085—2020）	7.2.12	对于单一颜色车辆，车身颜色宜按照“白、灰、黄、粉、红、紫、绿、蓝、棕、黑”颜色归类填写；对于多颜色车辆，车身颜色应按照“先前后再上下”的顺序依次填写面积较大的三种颜色，颜色为前后结构时，从前向后填写，颜色为上下结构时，从上向下填写，颜色与颜色之间用“/”分隔；在车身上安装的装饰线、装饰条的颜色，不列入车身颜色
《道路交通管理信息采集规范　第2部分：机动车登记信息采集和签注》（GA/T 946.2—2020	36	对于单色车辆按照机动车车身基本色调归类录入；多颜色车辆，只录入面积较大的三种颜色；颜色为上下结构的，从上向下录入，颜色为前后结构的，从前向后录入，车身上有装饰线、装饰条的，不按照多颜色车辆录入

5 车辆品牌/型号

1 查验要求

对申请以下登记业务的危险货物运输车，查验车辆品牌/型号：

（1）注册登记；

（2）变更登记（因质量问题更换整车）。

2 查验方法

整车产品标牌上标明的车辆品牌、型号与机动车整车出厂合格证明（对国产机动车）或进口车辆中英文对照表（对进口机动车）等凭证和技术资料上记载的“车辆品牌”和“车辆型号”进行比对，对进口车辆中英文对照表未列入车辆品牌/型号的进口机动车，可参照进口机动车辆随车检验单证及其他经主管部门认可的技术资料（如车辆产品一致性证书），确认车辆品牌/型号的符合性。

应注意查验不同型号车辆的产品标牌所对应的不同字体，尤其是特殊字体。

3 合格判定

合格证或中英文对照表（车辆产品一致性证书）等凭证和技术资料上记载的品牌和型号与整车标牌标明的品牌和型号相符。

4 常见不合格情形

整车产品标牌未固定、缺失，签注内容与车辆资料不一致（制造年月栏目不一致较多）；进口车辆整车产品标牌上标明的车辆品牌、型号与中英文对照表不一致。

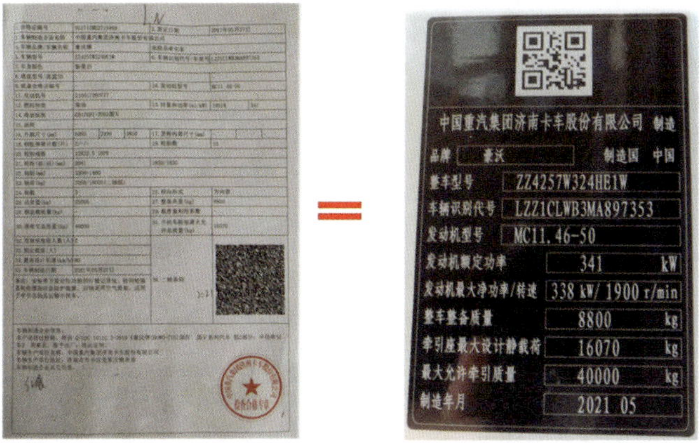

机动车整车出厂合格证明与产品标牌记载信息一致

5 标准依据

车辆品牌/型号查验判定标准依据如下。

车辆品牌/型号查验判定标准依据

名称	章节	条款
《机动车查验工作规程》（GA 801—2019）	附录A 表A.1	注册登记查验时，机动车整车出厂合格证明（对国产机动车）、进口车辆中英文对照表（对进口机动车）等凭证和技术资料上记载的“车辆品牌”和“车辆型号”与整车产品标牌上标明的车辆品牌、型号应相符。 对进口车辆中英文对照表未列入车辆品牌/型号的进口机动车，可参照进口机动车辆随车检验单证及其他经主管部门认可的技术资料（如车辆产品一致性证书），确认车辆品牌/型号的符合性

续上表

名　称	章节	条　款
《机动车运行安全技术条件》（GB 7258—2017）	4.1.2	机动车应至少装置一个能永久保持的产品标牌，该标牌的固定、位置及型式应符合GB/T 18411的规定；产品标牌如采用标签标示，则标签应符合GB/T 25978规定的标签一般性能、防篡改性能及防伪性能要求。改装车应同时具有改装后的整车产品标牌及改装前的整车（或底盘）产品标牌。 机动车均应在产品标牌上标明品牌、整车型号、制造年月、生产厂名及制造国，各类机动车产品标牌应标明的其他项目见表1。产品标牌上标明的内容应规范、清晰耐久且易于识别，项目名称均应有中文名称

6 车辆外观形状

1 查验要求

对申请以下登记业务的危险货物运输车，查验车辆外观形状：

（1）注册登记；

（2）转移登记；

（3）变更登记（变更车身颜色；改变使用性质；更换车身或者车架；更换发动机；因质量问题更换整车；转入；变更迁出）；

（4）变更备案（重新打刻车辆识别代号、重新打刻发动机号码）；

（5）申领、补领机动车登记证书；

（6）申请换发新能源汽车专用号牌。

2 查验方法

比对《道路机动车辆生产企业及产品公告》照片，注册登记查验时，对实行《道路机动车辆生产企业及产品公告》管理的国产机动车，实车外观形状应与《道路机动车辆生产企业及产品公告》的机动车照片一致，但装有《道路机动车辆生产企业及产品公告》允许选装部件除外；其他情况下，实车外观形状应与《机动车行驶证》上机动车标准照片记载的车辆外观形状一致（目视不应有明显区别），但装有允许自行加装部件除外。重点检查车辆厂标商标、照明灯具、后视镜和下视镜、驾驶人视区风窗玻璃、车身外部尖锐凸起物等细部特征、油箱位置（专家意见：载货汽车油箱位置应与《道路机动车辆生产企业及产品公告》的机动车照片相符，查验工作提示2020-08），以及车体是否周正、各零部件是否联接牢固、无缺损等。有疑问时使用透光率计、钢尺、手锤和照明工具测量。

3 合格判定

注册登记查验时，对实行《道路机动车辆生产企业及产品公告》管理的国产机动车，实车外观形状应与《道路机动车辆生产企业及产品公告》的机动车照片一致，装有《道路机动车辆生产企业及产品公告》允许选装部件的除外，但允许选装的部件致使车辆外观出现明显变化时公告应该有照片。

其他情况下，实车外观形状应与《机动车行驶证》上机动车标准照片记载的车辆外观形状一致（目视不应有明显区别），但装有允许自行加装部件的除外。

（1）外部照明灯具的透光面均应齐全，对称设置、功能相同的外部照明灯具的透光面颜色不应有明显差异。

（2）配备的后视镜和下视镜应完好。

（3）所有车窗玻璃应完好且未粘贴镜面反光遮阳膜，前风窗玻璃及风窗以外玻璃用于驾驶人视区部位的可见光透射比应大于或等于70%。

（4）前风窗玻璃及风窗以外玻璃用于驾驶人视区部位的可见光透射比应大于或等于70%。

（5）车辆上装备的商标、厂标等整车标志应与车辆品牌/型号相适应。

注：国产车《道路机动车辆生产企业及产品公告》存在多个尺寸参数时，照片可以只反映其中一种尺寸参数。

（6）进口车要求。转向灯的光色应为琥珀色，后雾灯的光色应为红色。后雾灯的安装位置应符合《汽车及挂车外部照明和光信号装置的安装规定》（GB 4785—2007）的要求。所有电器导线（不包括正常查验时无法观察到的情形）均应捆扎成束、布置整齐、固定卡紧、接头牢固并在接头处装设绝缘套，在导线穿越孔洞时应装设阻燃耐磨绝缘套管。车速表指针式或者数字式显示其中一项速度单位有“km/h”。排气管口不得指向车身右侧（如受结构限制排气管口只能偏向右侧时，排气管口中心线与机动车纵向中心线的夹角应小于或等于15°）；且对2020年1月1日起新出厂的汽车，若排气管口朝下则其气流方向与水平面的夹角应小于或等于45°。机动车标注的（正常查验时能观察到的）警告性文字均应有中文。

（7）新能源汽车。插电式混合动力汽车、纯电动汽车（换电式除外）应具有外接充电接口。

对各个角度的车辆外观形状都要对比《道路机动车辆生产企业及产品公告》认真查验

4 常见不合格情形

常见不合格情形有车辆外观照片与《道路机动车辆生产企业及产品公告》细微处不一致。

该车灯光信号处与《道路机动车辆生产企业及产品公告》照片不一致

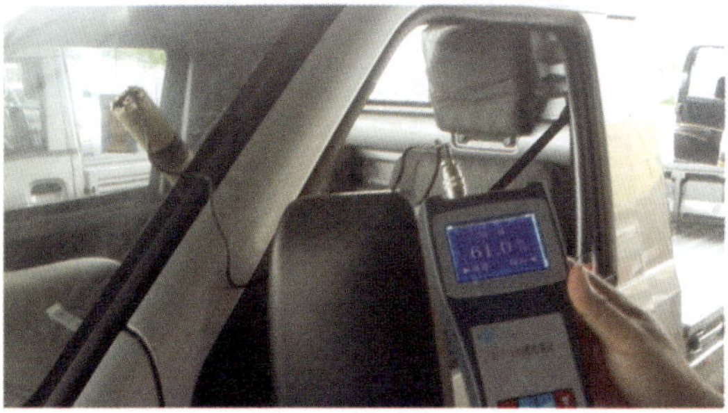

风窗玻璃粘贴遮阳膜后可见光透射比小于70%

5 标准依据

车辆外观形状查验判定标准依据如下。

车辆外观形状查验判定标准依据

名称	章节	条款
《机动车查验工作规程》（GA 801—2019）	附录A 表A.1	对国产汽车，其《道路机动车辆生产企业及产品公告》应标明是否属于新能源汽车及种类。对进口汽车，其车型应在海关总署进口新能源汽车目录范围内；对2016年12月1日起进口的新能源汽车，其《进口机动车辆随车检验单》的“检验情况”栏应标明是否属于新能源汽车。插电式混合动力汽车、纯电动汽车（换电式除外）应具有外接充电接口
		部照明和信号装置：转向灯的光色应为琥珀色，后雾灯的光色应为红色。汽车、挂车后雾灯的安装位置应符合GB 4785—2007的要求，只有当远光灯、近光灯或前雾灯打开时后雾灯才能打开，且后雾灯可独立于任何其他灯而关闭。所有电器导线（不包括正常查验时无法观察到的情形）均应捆扎成束、布置整齐、固定卡紧、接头牢固并在接头处装设绝缘套，在导线穿越孔洞时应装设阻燃耐磨绝缘套管。车速表指示：车速表可为指针式或者数字式显示，其中一项速度

续上表

名　称	章节	条　款
《机动车查验工作规程》（GA 801—2019）	附录A 表A.1	单位有“km/h”表示的，视为满足要求。排气管指向：汽车发动机的排气管口不得指向车身右侧（如受结构限制排气管口只能偏向右侧时，排气管口中心线与机动车纵向中心线的夹角应小于或等于15°）；且对2020年1月1日起新出厂的汽车，若排气管口朝下则其气流方向与水平面的夹角应小于或等于45°。中文警告性文字：机动车标注的（正常查验时能观察到的）警告性文字均应有中文。如有英文“warning”等明确属于警告提示内容的均应有相关中文说明，但如无相应文字，或已经用图形表示警告内容，视为满足要求。 外部照明灯具的透光面均应齐全，对称设置、功能相同的外部照明灯具的透光面颜色不应有明显差异。机动车配备的后视镜和下视镜应完好。前风窗玻璃及风窗以外玻璃用于驾驶人视区部位的可见光透射比应大于或等于70%；校车，2012年9月1日起出厂的公路客车、旅游客车，2018年1月1日起出厂的设有乘客站立区的客车以及发动机中置且宽高比小于或等于0.9的乘用车，所有车窗玻璃可见光透射比均应大于50%；2012年9月1日前出厂的公路客车和旅游客车，侧窗玻璃的可见光透射比若小于50%，不应视为不符合标准规定。所有车窗玻璃应完好且未粘贴镜面反光遮阳膜；校车、公路客车、旅游客车、设有乘客站立区的客车以及发动机中置且宽高比小于或等于0.9的乘用车，车窗玻璃不应张贴有不透明和带任何镜面反光材料之色纸或隔热纸（客车车窗玻璃上张贴的符合规定的客车用安全标志和信息符号除外）。 车辆上装备的商标、厂标等整车标志应与车辆品牌/型号相适应。 仓栅式货车/挂车的顶部应安装有与侧面栅栏固定的、不能拆卸和调整的顶棚杆，且2018年1月1日起出厂的仓栅式货车/挂车顶棚杆间的纵向距离应小于或等于500mm；车辆运输挂车（包括中置轴挂车、半挂车）的后部不应设置有可能用于载运车辆的可伸缩的结构。 注册登记查验时，对实行《道路机动车辆生产企业及产品公告》管理的国产机动车，实车外观形状应与《道路机动车辆生产企业及产品公告》的机动车照片一致，但装有《道路机动车辆生产企业及产品公告》允许选装部件的以及乘用车在不改变车辆长度宽度和车身主体结构且保证安全的情况下加装车顶行李架、出入口踏步件、换装散热器面罩和/或保险杠、更换轮毂等情形的除外；客车、旅居车、专项作业车乘坐区的两侧应设置车窗；2012年9月1日起出厂的厢式货车和封闭式货车，驾驶室（区）两旁应设置车窗，货厢部位不应设置车窗［但驾驶室（区）内用于观察货物状态的观察窗除外］；专用客车、专项作业车的乘坐区与作业区重合的部

续上表

名　称	章节	条　款
《机动车查验工作规程》（GA 801—2019）	附录A表A.1	分，可只在一侧设置车窗，防弹运钞车押运员乘坐区的两侧可不设置车窗。其他情况下，实车外观形状应与《机动车行驶证》上机动车标准照片记载的车辆外观形状一致（目视不应有明显区别），但装有允许自行加装部件的以及乘用车对车身外部进行了加装/改装但未改变车辆长度宽度和车身主体结构的除外；机动车标准相片如悬挂有机动车号牌，其号牌号码和类型应与《机动车行驶证》记载的内容一致。 注1：查验员可以通过采集机动车标准照片信息核对机动车标准照片。 注2：国产车《道路机动车辆生产企业及产品公告》存在多个尺寸参数时，照片可以只反映其中一种尺寸参数
《机动车运行安全技术条件》（GB 7258—2017）	4.8.1	机动车各零部件应完好，联接牢固，无缺损
	4.8.2	车体应周正，车体外缘左右对称部位高度差应小于或等于40mm
	11.5.7	前风窗玻璃驾驶人视区部位及驾驶人驾驶时用于观察外后视镜的部位的可见光透射比应大于或等于70%。所有车窗玻璃不应张贴镜面反光遮阳膜。公路客车、旅游客车、设有乘客站立区的客车、校车和发动机中置且宽高比小于或等于0.9的乘用车所有车窗玻璃的可见光透射比均应大于或等于50%，且除符合GB 30678规定的客车用安全标志和信息符号外，不应张贴有不透明和带任何镜面反光材料的色纸或隔热纸

7 外部标识/文字、喷涂

1 查验要求

对申请以下登记业务的危险货物运输车，查验外部标识、文字、总质量（或最大允许牵引质量）、栏板高度、罐体容积和允许装运货物的种类或名称、冷藏车字样。

（1）注册登记；

（2）转移登记；

（3）变更登记（变更车身颜色；改变使用性质；更换车身或者车架；因质量问题更换整车；转入；变更迁出）；

（4）变更备案（重新打刻车辆识别代号）；

（5）申领、补领机动车登记证书。

2 查验方法

目视检查，字高偏小的可使用钢直尺等测量工具测量。

3 合格判定

要点一： 在驾驶室（区）两侧喷涂总质量（半挂牵引车为最大允许牵引质量）；其中，栏板货车和自卸车还应在驾驶室两侧喷涂栏板高度。2018年1月1日起出厂的冷藏车，还应在外部两侧易见部位上喷涂或粘贴明显的“冷藏车”字样。喷涂的中文及阿拉伯数字应清晰，高度应大于或等于80mm。

2018年1月1日起出厂的罐式危险货物运输车，其罐体或与罐体焊接的支座的右侧应有金属的罐体铭牌，罐体铭牌应标注唯一性编码、罐体设计代码（第3位为“B”的应安装紧急切断装置）、罐体容积等信息，无须再在罐体两侧喷涂罐体容积和允许装运货物的名称。2018年1月1日前出厂的罐式危险货物运输车，其罐体两侧上应喷涂罐体容积和允许装运货物的名称，且喷涂的罐体容积和允许装载货物的名称应与《道路机动车辆生产企业及产品公告》及机动车整车出厂合格证明一致，字高不小于200mm，字体为仿宋体，字体颜色按装运介质类型分别为红色（易燃、易爆类介质）、黄色（有毒、剧毒类介质）、黑色（腐蚀、强腐蚀介质）、蓝色（其他介质）。

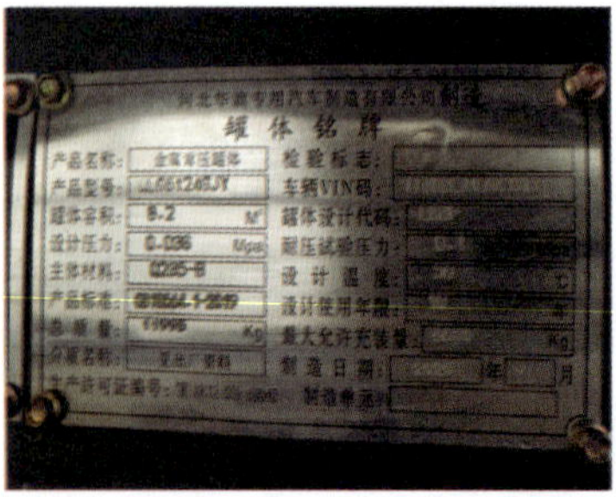

2018年1月1日起出厂的查看罐体铭牌

2018年1月1日前出厂的罐体两侧喷涂罐体容积和允许装运货物的名称

要点二： 气体燃料汽车、两用燃料汽车和双燃料汽车应按现行国家标准《天然气和液化石油气汽车标志》（GB/T 17676）的规定，在车上标注其使用的气体燃料类型。各类汽车标志图形具体如下。

压缩天然气汽车标志

液化天然气汽车标志

吸附天然气汽车标志

液化石油气汽车标志

要点三： 危险货物运输车应装置符合现行国家标准《道路运输危险货物车辆标志》（GB 13392）规定的标志（包括标志灯和标志牌）及规定的矩形安全标示牌。

（1）标志灯。标志灯安装于驾驶室顶部外表面中前部（从车辆侧面看）中间（从车辆正面看）位置，以磁吸或顶檐支撑、金属托架方式安装固定。标志灯灯体正面为等腰三角形状，正反面中间印有“危险”、侧面印有“!”字样。

A型磁吸式标志灯

B型顶檐支撑式标志灯

C型金属托架式标志灯

（2）车辆标志牌。标志牌一般悬挂于车辆后厢板或罐体后面的几何中心部位附近，避开车辆放大号。运输爆炸、剧毒、放射危险货物的车辆，应在车辆两侧面厢板几何中心部位附近的适当位置各增加一块悬挂标志牌。危险货物运输车标志牌多是菱形金属板，罐式车辆也可以使用反光材料在罐体上喷绘车辆标志牌。标志牌的颜色、内容要与所运载危险货物的类别、项别相对应，与标志灯同时使用。

（3）安全标示牌。依据现行国家标准《道路运输爆炸品和剧毒化学品车辆安全技术条件》（GB 20300）运输爆炸品和剧毒化学品的车辆后部和车身左右两侧应安装安全标示牌,安全标示牌式样为白底黑字。

350 mm

175mm

品名		种类	
罐体容积		核载质量	
施救方法			
联系电话			

罐式爆炸品和剧毒化学品车辆安全标示牌（式样）

350 mm

175mm

品名		种类	
箱体容积		核载质量	
施救方法			
联系电话			

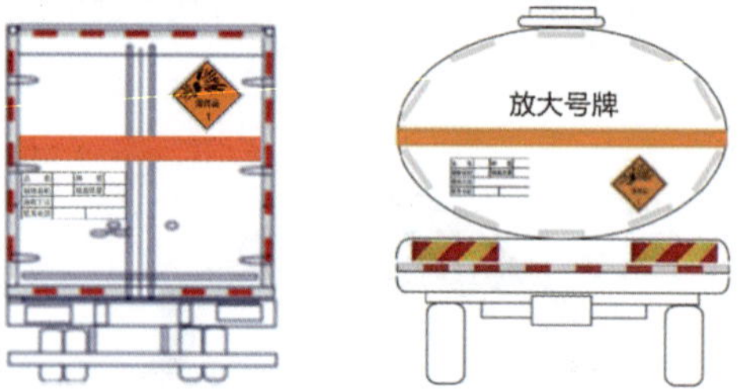

厢式、罐式爆炸品和剧毒化学品车辆安全标示牌（式样）

不同品类危险货物运输车标志牌

编号	1	2	3	4	5	6
名称	爆炸品	爆炸品	爆炸品	易燃气体	不燃气体	有毒气体
标志牌						
编号	7	8	9	10	11	12
名称	易燃液体	易燃固体	自燃物品	遇湿易燃物品	氧化剂	有机过氧化物
标志牌						
编号	13	14	15	16	17	18
名称	剧毒品	有毒品	有害品 （远离食品）	感染性物品	腐蚀品	杂类
标志牌						

4 常见不合格情形

新车未在驾驶室两侧喷涂总质量或栏板高度，或喷涂字符高度达不到要求；未按规定安装标志灯、车辆标志牌、安全标示牌。

5 标准依据

外部标识/文字、喷涂查验判定标准依据如下。

外部标识/文字、喷涂查验判定标准依据

名　称	章节	条　款
《机动车查验工作规程》（GA 801—2019）	附录A 表A.1	在用车查验时，总质量大于或等于4500kg的货车（半挂牵引车除外）和货车底盘改装的专项作业车（消防车除外）、总质量大于3500kg的挂车，以及车长大于或等于6m的客车（警车、校车除外）均应在车厢后部喷涂或粘贴/放置放大的号牌号码，总质量大于或等于12000kg的自卸车还应在车厢左右两侧喷涂放大的号牌号码。受结构限制车厢后部无法粘贴/放置放大的号牌号码时，车厢左右两侧喷涂有放大的号牌号码的，视为满足要求。放大的号牌号码字样应清晰，颜色应与车身底色有明显反差。 对平板式、骨架式结构的货车、专项作业车、牵引车等无载货部位或载货部位受结构限制确实无法满足放大号喷涂要求的，不查验放大的号牌号码；但这类车辆上道路行驶时，应按规定放置放大的号牌号码板。 所有货车（多用途货车、货车类教练车除外）和专项作业车（消防车除外）均应在驾驶室（区）两侧喷涂总质量（半挂牵引车为最大允许牵引质量）；其中，栏板货车和自卸车还应在驾驶室两侧喷涂栏板高度，罐式汽车和罐式挂车（罐式危险货物运输车除外）还应在罐体两侧喷涂罐体容积及允许装运货物的种类。栏板挂车应在车厢两侧喷涂栏板高度。2018年1月1日起出厂的冷藏车，还应在外部两侧易见部位上喷涂或粘贴明显的“冷藏车”字样。喷涂的中文及阿拉伯数字应清晰，高度应大于或等于80mm
	4.1.9	危险货物运输车辆的标志应符合GB 13392的规定；其中，道路运输爆炸品和剧毒化学品车辆还应符合GB 20300的规定。罐式危险货物运输车辆的罐体或与罐体焊接的支座的右侧应有金属的罐体铭牌，罐体铭牌应标注唯一性编码、罐体设计代码、罐体容积等信息

续上表

名　称	章节	条　款
《机动车运行安全技术条件》（GB 7258—2017）	4.7.6	所有货车（多用途货车除外）和专项作业车（消防车除外）均应在驾驶室（区）两侧喷涂总质量（半挂牵引车为最大允许牵引质量）；其中，栏板货车和自卸车还应在驾驶室两侧喷涂栏板高度，罐式汽车和罐式挂车（罐式危险货物运输车除外）还应在罐体两侧喷涂罐体容积及允许装运货物的种类。栏板挂车应在车厢两侧喷涂栏板高度。冷藏车还应在外部两侧易见部位上喷涂或粘贴明显的“冷藏车”字样和冷藏车类别的英文字母。喷涂的中文及阿拉伯数字应清晰，高度应大于或等于80mm
	4.7.7	总质量大于或等于4500kg的货车（半挂牵引车除外）和货车底盘改装的专项作业车（消防车除外）、总质量大于3500kg的挂车，以及车长大于或等于6m的客车均应在车厢后部喷涂或粘贴/放置放大的号牌号码，总质量大于或等于12000kg的自卸车还应在车厢左右两侧喷涂放大的号牌号码。受结构限制车厢后部无法粘贴/放置放大的号牌号码时，车厢左右两侧喷涂有放大的号牌号码的，视为满足要求。放大的号牌号码字样应清晰
	4.7.10	气体燃料汽车、两用燃料汽车和双燃料汽车应按GB/T 17676的规定标注其使用的气体燃料类型

8 号牌

1 查验要求

对申请以下登记业务的危险货物运输车，查验号牌。

（1）车辆识别代号；

（2）注册登记；

（3）转移登记；

（4）变更登记（变更车身颜色；改变使用性质；更换车身或者车架；更换发动机；因质量问题更换整车；转入；变更迁出）；

（5）变更备案（重新打刻车辆识别代号、重新打刻发动机号码）；

（6）申领、补领机动车登记证书。

2 查验方法

目视检查，重点检查号牌板（架）上安装孔数量、规格，号牌板架是否能翻转。

3 合格判定

要点一：注册登记、转移登记及转入查验时，检查机动车号牌板（架），即前号牌板（架）（摩托车除外）应设于前面中部或右侧（按机动车前进方向），后号牌板（架）应设于后面中部或左侧，号牌板（架）应能安装符合《中华人民共和国机动车号牌》（GA 36）要求的机动车号牌且号牌安装后不应被遮挡、覆盖，不允许采用号牌板能被翻转的结构。2013年3月1日起出厂的机动车每面号牌板（架）上应设有2个号牌安装孔，2016年3月1日起出厂的机动车每面号牌板（架）［三轮汽车前号牌板（架）、摩托车后号牌板（架）除外］上应设有4个号牌安装孔；号牌安装孔应保证能用M6规格的螺栓将号牌直接牢固可靠地安装在车辆上。

要点二：其他情况查验时，检查车辆号牌，即号牌应安装在号牌板（架）处，号牌应正置、横向水平、纵向基本垂直且使用符合《机动车号牌专用固封装置》（GA 804）的专用固封装置固封，号牌应无变形、遮盖和破损、涂改，号牌号码和种类应与《机动车行驶证》的记录一致，其汉字、字母和数字应清晰可辨、颜色应无明显色差。不允许使用可拆卸号牌架和可翻转号牌架。

要点三：在用车查验时，总质量大于或等于4500kg的货车（半挂牵引车除外）应在车厢后部喷涂或粘贴/放置放大的号牌号码，总质量大于或等于12000kg的自卸车还应在车厢左右两侧喷涂放大的号牌号码。受结构限制车厢后部无法粘贴/放置放大的号牌号码时，车厢左右两侧喷涂有放大的号牌号码的，视为满足要求。放大的号牌号码字样应清晰，颜色应与车身底色有明显反差。对平板式、骨架式结构的货车、专项作业车、牵引车等无载货部位或载货部位受结构限制确实无法满足放大号喷涂要求的，不查验放大的号牌号码；但这类车辆上道路行驶时，应按规定放置放大的号牌号码板。放大的号牌号码字体尺寸不小于小型汽车号牌用字体的2.5倍。

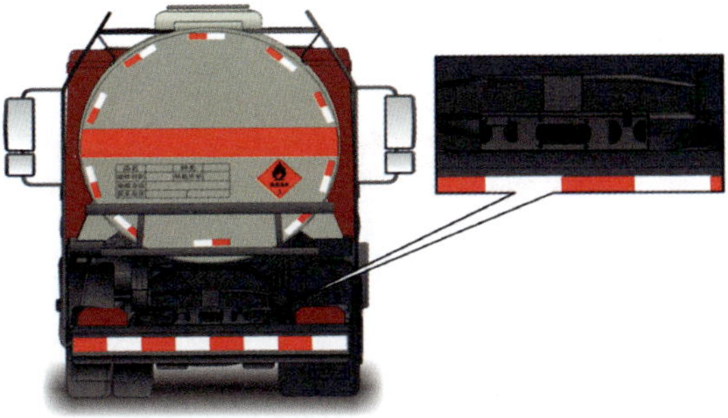

车身后号牌板（架）

4 常见不合格情形

常见不合格情形如下。

车辆号牌板（架）上未按规定设置4个号牌安装孔；车辆后部号牌板架安装在右侧。

号牌板违规安装

车辆号牌板（架）设计为可翻转形式。

可翻转式号牌板

5 标准依据

号牌查验判定标准依据如下。

号牌查验判定标准依据

名　称	章节	条　款
《机动车查验工作规程》（GA 801—2019）	附录A 表A.1	注册登记、转移登记及转入查验时，检查机动车号牌板（架）：前号牌板（架）（摩托车除外）应设于前面中部或右侧（按机动车前进方向），后号牌板（架）应设于后面中部或左侧，号牌板（架）应能安装符合GA 36要求的机动车号牌且号牌安装后不应被遮挡、覆盖，不允许采用号牌板能被翻转的结构。2013年3月1日起出厂的机动车每面号牌板（架）上应设有2个号牌安装孔，2016年3月1日起出厂的机动车每面号牌板（架）［三轮汽车前号牌板（架）、摩托车后号牌板（架）除外］上应设有4个号牌安装孔；号牌安装孔应保证能用M6规格的螺栓将号牌直接牢固可靠地安装在车辆上。 其他情况查验时，检查车辆号牌：号牌应安装在号牌板（架）处，号牌应正置、横向水平、纵向基本垂直且使用符合GA 804的专用固封装置固封，号牌应无变形、遮盖和破损、涂改，号牌号码和种类应与《机动车行驶证》的记录一致，其汉字、字母和数字应清晰可辨、颜色应无明显色差。不允许使用可拆卸号牌架和可翻转号牌架
《中华人民共和国机动车号牌》（GA 36—2018）	12.1	总质量大于或等于4500kg的货车（半挂牵引车除外）和货车底盘改装的专项作业车（消防车除外）、总质量大于3500kg的挂车、以及车长大于或等于6m的客车均应在车厢后部喷涂或粘贴/放置放大的号牌号码。总质量大于或等于12000kg的自卸车还应在车厢左右两侧喷涂放大的号牌号码。受结构限制车厢后部无法粘贴/放置放大的号牌号码时，仅在车厢左右两侧喷涂放大的号牌号码
	12.2	放大的号牌号码字体尺寸不小于小型汽车号牌用字体的2.5倍
	10.1	领取金属材料号牌后应立即安装，安装要求如下：a）应正面朝外、字符正向安装在号牌板（架）上，禁止反装或倒装；b）前号牌安装在机动车前端的中间或者偏右（按机动车前进方向），后号牌安装在机动车后端的中间或者偏左，不应影响机动车安全行驶和号牌的识别；c）安装要保证号牌无任何变形和遮盖，横向水平，纵向基本垂直于地面，纵向夹角不大于15°（摩托车号牌向上倾斜纵向夹角不大于30°）；d）安装孔均应安装符合GA 804要求的固封装置，但受车辆条件限制无法安装的除外；e）使用号牌架辅助安装时，号牌架内侧边缘距离机动车登记编号字符边缘大于5mm以上，不应遮盖生产序列标识；f）号牌周边不应有其他影响号牌识别的光源

续上表

名称	章节	条款
《机动车运行安全技术条件》（GB 7258—2017）	11.8.1	机动车应设置能满足号牌安装要求的号牌板（架）。前号牌板（架）（摩托车除外）应设于前面的中部或右侧（按机动车前进方向），后号牌板（架）应设于后面的中部或左侧
	11.8.2	每面号牌板（架）上应设有4个号牌安装孔［三轮汽车前号牌板（架）、摩托车后号牌板（架）应设有2个号牌安装孔］，以保证能用M6规格的螺栓将号牌直接牢固可靠地安装在车辆上

9 车身反光标识

1 查验要求

对申请以下登记业务的危险货物运输车，查验车身反光标识：

（1）注册登记；

（2）转移登记；

（3）变更登记（变更车身颜色；改变使用性质；更换车身或者车架；因质量问题更换整车；转入；变更迁出）；

（4）变更备案（重新打刻车辆识别代号）；

（5）申领、补领机动车登记证书。

2 查验方法

实车目测查验车身反光标识的设置是否符合标准要求；对反光标识材料性能存有疑问的，可使用反光标识检测仪等工具测量。对尺寸、面积等参数有疑问时，也应使用量具测量相关尺寸。

使用反光标识检测仪测量反光强度

3 合格判定

要点一： 半挂牵引车应在驾驶室后部上方设置能体现驾驶室的宽度和高度的车身反光标识，其他所有危险货物运输车都要设置后部车身反光标识、侧面车身反光标识。2012年9月1日起出厂的总质量大于3500kg的厢式危险货物运输车，装备的车身反光标识应为由红白相间的反射器单元组成的反射器型车身反光标识。

要点二： 反光标识可分为反光膜型反光标识和反射器型反光标识。

反光膜型车身反光标识为红白单元相间的条状反光膜材料，表面应完好、无破损；红白单元每一单元的长度应不小于150mm且不大于450mm，宽度可为50mm，75mm或100mm；白色单元上应加施有符合规定的“3C”标识。

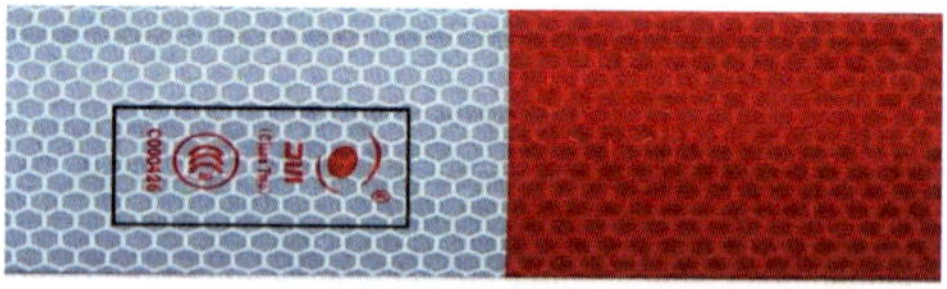

反光膜型车身反光标识

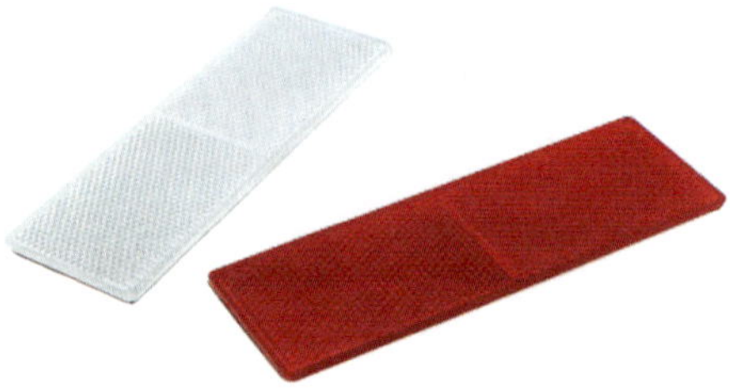

反射器型车身反光标识

要点三： 反光标识粘贴总体要求。后部车身反光标识应能体现机动车后部宽度和高度，其离地高度应不小于380mm。后部反光膜型车身反光标识与后反射器的面积之和，使用一级车身反光标识材料时应不小于$0.1m^2$，使用二级车身反光标识材料时应不小于$0.2m^2$。

侧面反光膜型车身反光标识允许分隔粘贴，但应保持红白单元相间；总长度（不含间隔部分）应不小于车长的50%，货厢长度不足车长50%的载货汽车的侧面车身反光标识长度应为货厢长度。

厢式货车后部、侧面的车身反光标识应能体现货厢轮廓。反射器型车身反光标识的反射器单元应横向水平布置、固定可靠，红白单元相间且数量相当；相邻反射器的边缘距离对后部反射器型车身反光标识不应大于100mm，对侧面反射器型车身反光标识不应大于150mm。

要点四：道路运输爆炸品和剧毒化学品车辆，以及常压罐式危险货物运输车辆，还应在车辆的后部和两侧粘贴能标示车辆轮廓的、宽度为150mm±20mm的橙色反光带。

4 常见不合格情形

危险货物运输车车身反光标识粘贴不规范，如后部反光标识粘贴不连续，无法反映车身后部货箱轮廓，侧面反光标识粘贴长度不足。车身反光标识单元破损严重，没有“3C”标识，同一辆车上的后部、侧面车身反光标识类型不统一，反射器型车身反光标识与反光膜型车身反光标识两者混用。

5 标准依据

车身反光标识查验判定标准依据如下。

车身反光标识查验判定标准依据

名　称	章节	条　款
《机动车查验工作规程》（GA 801—2019）	5.13	对侧面及后下部防护装置离地高度、车身反光标识和车辆尾部标志板尺寸、面积等参数有疑问时，也应使用量具测量相关尺寸
	附录A 表A.1	货车（多用途货车、基于多用途货车改装的教练车除外）和货车底盘改装的专项作业车、最大设计车速小于或等于40km/h的其他汽车、所有挂车（旅居挂车除外）应按照GB 7258—2017的8.4.1、8.4.2及其他相关规定设置后部车身反光标识和车辆尾部标志板、侧面车身反光标识。 反光膜型车身反光标识为红白单元相间的条状反光膜材料，表面应完好、无破损；红白单元每一单元的长度应不小于150mm且不大于450mm，宽度可为50mm，75mm或100mm；白色单元上应加施有符合规定的“3C”标识。 后部车身反光标识应能体现机动车后部宽度和高度，其离地高度应不小于380mm。后部反光膜型车身反光标识与后反射器的面积之和，使用一级车身反光标识材料时应不小于0.1m^2，使用二级车身反光标识材料时应不小于0.2m^2。 侧面反光膜型车身反光标识允许分隔粘贴，但应保持红白单元相间；总长度（不含间隔部分）应不小于车长的50%，但侧面车身结构无连续表面的混凝土搅拌运输车和专项作业车的侧面车身反光标识长度应不小于车长的30%；三轮汽车的侧面车身反光标识长度不应小于1200mm，货厢长度不足车长50%的载货汽车的侧面车身反光标识长度应为货厢长度。 厢式货车和厢式挂车后部、侧面的车身反光标识应能体现货厢轮廓。2012年9月1日起出厂的总质量大于3500kg的厢式货车（不含封闭式货车、侧帘式货车）、厢式挂车（不含侧帘式半挂车）和2018年1月1日起出厂的总质量大于3500kg的厢式专项作业车，装备的车身反光标识应为由红白相间的反射器单元组成的反射器型车身反光标识。反射器型车身反光标识的反射器单元应横向水平布置、固定可靠，红白单元相间且数量相当；相邻反射器的边缘距离对后部反射器型车身反光标识不应大于100mm，对侧面反射器型车身反光标识不应大于150mm。 道路运输爆炸品和剧毒化学品车辆，以及常压罐式危险货物运输车辆，还应在车辆的后部和两侧粘贴能标示车辆轮廓的、宽度为150mm±20mm的橙色反光带

续上表

名　称	章节	条　款
《机动车运行安全技术条件》（GB 7258—2017）	8.4.1	总质量大于或等于12000kg的货车（半挂牵引车除外）和货车底盘改装的专项作业车、车长大于8.0m的挂车及所有最大设计车速小于或等于40km/h的汽车和挂车，应按GB 25990规定设置车辆尾部标志板；半挂牵引车应在驾驶室后部上方设置能体现驾驶室的宽度和高度的车身反光标识，其他货车（多用途货车除外）、货车底盘改装的专项作业车和挂车（设置有符合规定的车辆尾部标志板的专项作业车和挂车，以及旅居挂车除外）应在后部设置车身反光标识。后部的车身反光标识应能体现机动车后部的高度和宽度，对厢式货车和挂车应能体现货厢轮廓，且采用一级车身反光标识材料时与后反射器的面积之和应大于或等于$0.1m^2$，采用二级车身反光标识材料时与后反射器的面积之和应大于或等于$0.2m^2$
	8.4.2	所有货车（半挂牵引车、多用途货车除外）、货车底盘改装的专项作业车和挂车（旅居挂车除外）应在侧面设置车身反光标识。侧面的车身反光标识长度应大于或等于车长的50%，对三轮汽车应大于或等于1.2m，对侧面车身结构无连续平面的货车底盘改装的专项作业车应大于或等于车长的30%，对货厢长度不足车长50%的货车应为货厢长度
	8.4.3	道路运输爆炸品和剧毒化学品车辆，除应按8.4.1、8.4.2设置车身反光标识外，还应在后部和两侧粘贴能标示出车辆轮廓、宽度为150mm ± 20mm的橙色反光带
	8.4.5	货车、货车底盘改装的专项作业车和挂车（组成拖拉机运输机组的挂车除外）的车身反光标识材料应符合GB 23254的规定，其中总质量大于3500kg的厢式货车（不含封闭式货车、侧帘式货车）、厢式挂车（不含侧帘式半挂车）和厢式专项作业车应装备反射器型车身反光标识。车身反光标识的粘贴/设置应符合GB 23254的规定

10 车辆尾部标志板

1 查验要求

对申请以下登记业务的总质量大于或等于12000kg的危险货物运输车（半挂牵引车除外），查验车辆尾部标志板：

（1）注册登记；

（2）转移登记；

（3）变更登记（变更车身颜色；改变使用性质；更换车身或者车架；因质量问题更换整车；转入；变更迁出）；

（4）变更备案（重新打刻车辆识别代号）；

（5）申领、补领机动车登记证书。

2 查验方法

实车查验车辆尾部标志板设置是否符合标准要求；对反光材料性能存有疑问的，可使用反光标识检测仪等工具测量。用卷尺等工具测量车辆尾部标志板尺寸及离地高度是否符合要求。

实车查验车辆尾部标志板的形状、尺寸、结构应符合现行国家标准《车辆尾部标志板》（GB 25990）的规定。

3 合格判定

要点一：车辆尾部标志板由黄色红色交替斜条纹组成，一组标志板由一块、两块或四块组成，成组的标志板的形状应是成对的。车辆尾部标志板的实物图、布置示例图和实车粘贴示例图分别如下，不能混用。

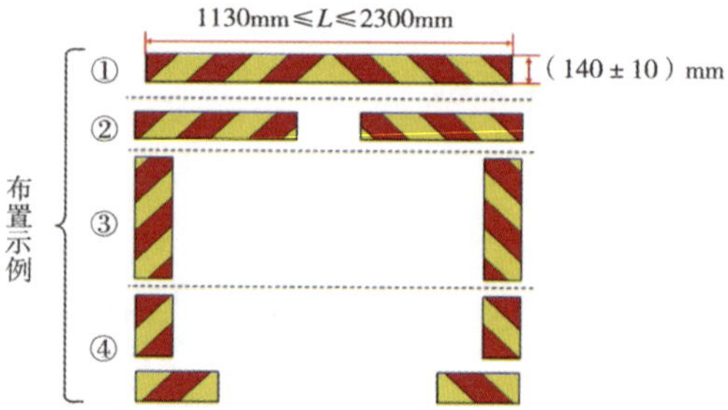

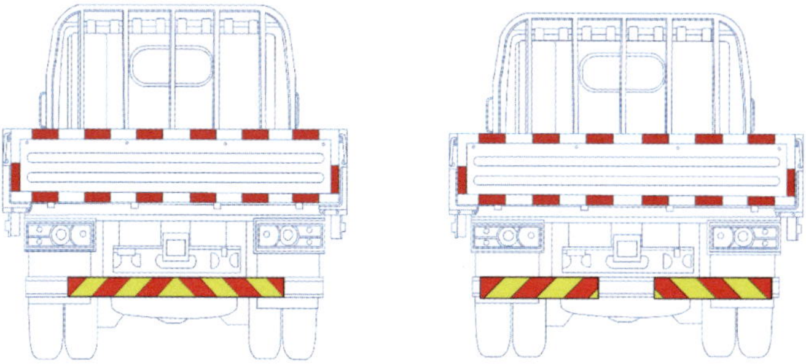

实车粘贴示例

要点二：车辆尾部标志板安装应不易拆卸，固定方式稳定、持久，如使用螺钉或者铆合固定。离地高度：下边缘≥250mm，上边缘≤2100mm。

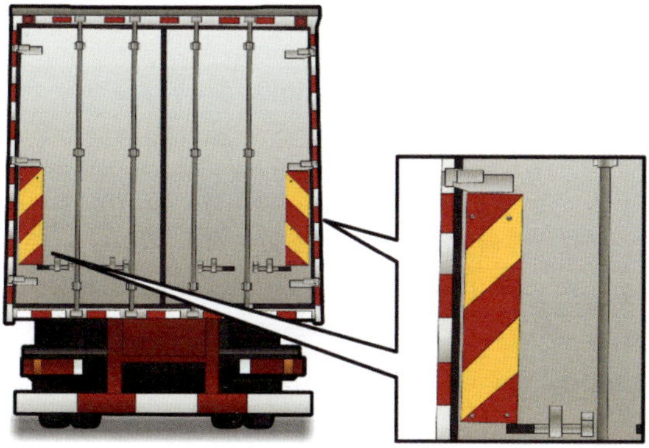

车辆尾部标志板固定（铆接或螺栓）

4 常见不合格情形

车辆未按规定设置车辆尾部标志板或仅一侧安装反光标志板或安装不对称；车辆尾部标志板安装不牢靠。挂车、货车的尾部标志板错用、混用现象普遍。

5 标准依据

车辆尾部标志板查验判定标准依据如下。

车辆尾部标志板查验判定标准依据

名　称	章节	条　款
《机动车查验工作规程》（GA 801—2019）	5.13	对侧面及后下部防护装置离地高度、车身反光标识和车辆尾部标志板尺寸、面积等参数有疑问时，也应使用量具测量相关尺寸
	附录A 表A.1	车辆尾部标志板的形状、尺寸和结构应符合GB 25990的规定，部件应不易拆卸，其固定在车辆后部的方式应稳定、持久，例如使用螺钉或者铆合
《机动车运行安全技术条件》（GB 7258—2017）	8.4.1	总质量大于或等于12000kg的货车（半挂牵引车除外）和货车底盘改装的专项作业车、车长大于8.0m的挂车及所有最大设计车速小于或等于40km/h的汽车和挂车，应按GB 25990规定设置车辆尾部标志板
《车辆尾部标志板》（GB 25990—2010）	5.1.2	标志板的部件应不易拆卸
	5.1.3	标志板固定在车辆后部的方式应稳定、持久，例如使用螺钉或铆合
	5.1.4	标志板的外表面应易于清洁，表明应不粗糙，其任何突出物应无碍于清洁
	5.2.2.1	重型和长型车辆的标志板形状为矩形
	5.2.2.2	安装在挂车和半挂车上的标志板，为黄色回复反射标志板，具有红色荧光或回复反射边框；安装在非铰接车辆（牵引车或载货车）上的标志板，由黄色回复反射和红色荧光或回复反射材料或装置的交替斜条纹组成
	5.2.2.3	一组标志板由一块、两块或四块具有回复反射和荧光材料的标志板组成，其总长度应不小于1130mm，不大于2300mm

11 侧后部防护

1 查验要求

对申请以下登记业务的所有总质量大于3500kg的危险货物运输车（半挂牵引车除外），查验侧后部防护：

（1）注册登记；

（2）转移登记；

（3）变更登记（变更车身颜色；改变使用性质；更换车身或者车架；因质量问题更换整车；转入；变更迁出）；

（4）变更备案（重新打刻车辆识别代号）；

（5）申领、补领机动车登记证书。

2 查验方法

实车查验，必要时用量具测量，重点检查侧后部防护装置的离地高度、截面高度等数据及安装牢固程度是否符合标准要求，与车架或车体的可靠部位应能有效连接。

3 合格判定

侧后部防护装置应固定可靠，与车架或车体的可靠部位有效连接。

（1）后下部防护装置。

要点一： 宽度不可大于车辆后轴两侧车轮最外点之间的距离（不包括轮胎的变形量），并且后下部防护装置任一端的最外缘与这一侧车辆后轴车轮最外端的横向水平距离应不大于100mm。

要点二： 整个宽度上的下边缘离地高度对于后下部防护装置状态可调整的车辆应不大于450mm，对状态不可调整的车辆应不大于550mm。

要点三： 2020年1月1日起出厂的所有车辆，空载状态下在其全部宽度范围内的后下部防护的下边缘离地高度不应大于500mm。后下部防护装置的横向构件的截面高度（对格构式圆钢结构的后下部防护装置，截面高度为横向布置圆钢的直径之和）应不小于100mm（对于2020年1月1日起出厂的总质量大于12000kg的货车及总质量大于10000kg的挂车，应不小于120mm），端部不应有尖锐边缘。

后下部防护装置安装技术要求

要点四： 罐式危险货物运输车辆的罐体及罐体上的管路和管路附件不得超出侧面及后下部防护装置，罐体后封头及罐体后封头上的管路和管路附件与后下部防护装置内侧在车辆长度方向垂直投影的距离应大于或等于150mm。2020年1月1日起出厂的罐式液体危险货物运输车辆，后下部防护应位于车辆最后端。

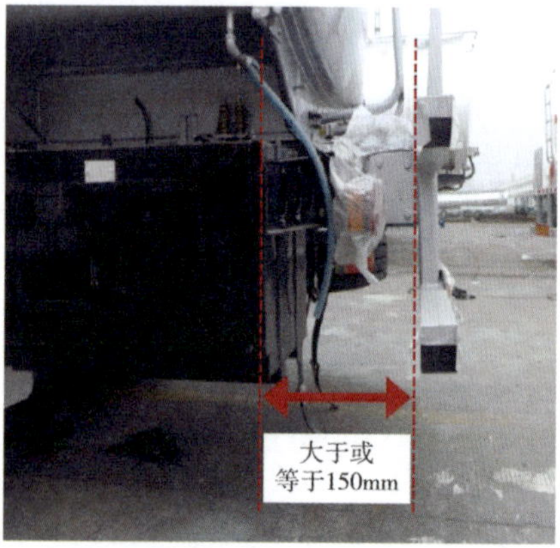

罐体及罐体上的管路和管路附件与后下部防护装置内侧的纵向距离

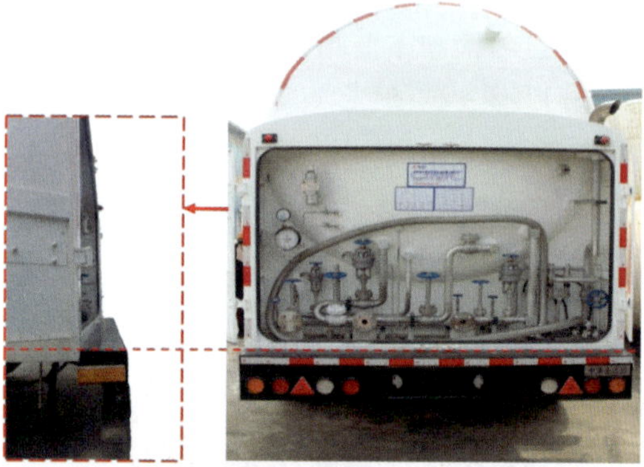

罐体后部的装卸阀门、管道不得低于后下部防护装置的离地高度

（2）侧面防护装置。

要点一： 下缘任何一点的离地高度应不大于550mm。

要点二： 前缘和后缘应处在最靠近它的轮胎周向切面之后（前）300mm的范围之内；长头货车前缘与驾驶室后壁板件的间隙小于或等于100mm即可。

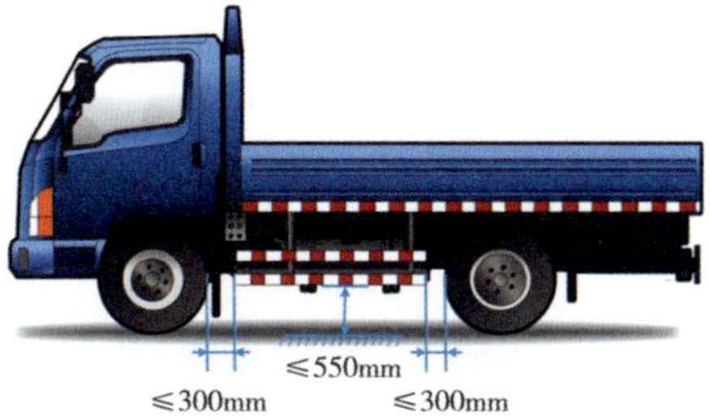

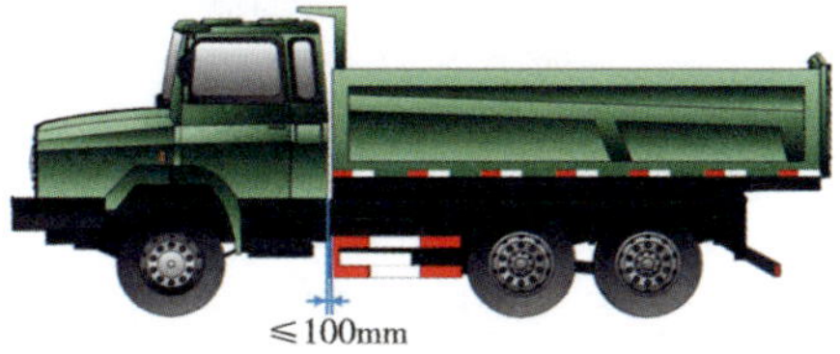

侧面部防护装置安装技术要求

4 常见不合格情形

常见不合格情形如下。

（1）下边缘离地高度不符合要求；

（2）侧防护装置前缘和后缘与最靠近它的轮胎周向切面距离大于300mm；

（3）后部防护装置两端未弯曲或者圆角处理；

（4）防护装置安装方式与《道路机动车辆生产企业及产品公告》不一致，如《道路机动车辆生产企业及产品公告》要求螺栓连接，实车是焊接连接；

（5）不能与车架或车体的可靠部位有效连接，不能可靠固定。

5 标准依据

侧后部防护查验判定标准依据如下。

侧后部防护查验判定标准依据

名称	章节	条款
《机动车查验工作规程》（GA 801—2019）	5.13	对侧面及后下部防护装置离地高度、车身反光标识和车辆尾部标志板尺寸、面积等参数有疑问时，也应使用量具测量相关尺寸

续上表

名　称	章节	条　款
《机动车查验工作规程》（GA 801—2019）	附录A表A.1	所有总质量大于3500kg的货车（半挂牵引车除外）、货车底盘改装的专项作业车和挂车应按规定装备侧面及后下部防护装置；专用货车和专项作业车受客观原因限制时可不安装后下部防护装置。侧后防护装置应固定可靠，与车架或车体的可靠部位有效连接。 后下部防护装置的宽度不可大于车辆后轴两侧车轮最外点之间的距离（不包括轮胎的变形量），并且后下部防护装置任一端的最外缘与这一侧车辆后轴车轮最外端的横向水平距离应不大于100mm；后下部防护装置整个宽度上的下边缘离地高度，对于后下部防护装置状态可调整的车辆应不大于450mm，对状态不可调整的车辆应不大于550mm；2020年1月1日起出厂的所有车辆，空载状态下在其全部宽度范围内的后下部防护的下边缘离地高度不应大于500mm。后下部防护装置的横向构件的截面高度（对格构式圆钢结构的后下部防护装置，截面高度为横向布置圆钢的直径之和）应不小于100mm（对于2020年1月1日起出厂的总质量大于12000kg的货车及总质量大于10000kg的挂车，应不小于120mm），端部不应有尖锐边缘。 侧面防护装置的下缘任何一点的离地高度应不大于550mm，前缘和后缘应处在最靠近它的轮胎周向切面之后（前）300mm的范围之内；但全挂车前缘位于500mm的范围之内即可，半挂车前缘与支腿中心横截面距离小于或等于250mm即可，长头货车前缘与驾驶室后壁板件的间隙小于或等于100mm即可。 罐式危险货物运输车的罐体及罐体上的管路和管路附件不得超出侧面及后下部防护装置，罐体后封头及罐体后封头上的管路和管路附件与后下部防护装置内侧在车辆长度方向垂直投影的距离应大于或等于150mm。2020年1月1日起出厂的罐式液体危险货物运输车，后下部防护应位于车辆最后端
《机动车运行安全技术条件》（GB 7258—2017）	12.9.1	总质量大于3500kg的货车（半挂牵引车除外）、货车底盘改装的专项作业车和挂车，应按GB 11567的规定提供防止人员卷入的侧面防护
	12.9.2	货车列车的货车和挂车之间应提供防止人员卷入的侧面防护
	12.9.3	总质量大于3500kg的货车、货车底盘改装的专项作业车（半挂牵引车及由于客观原因而无法安装后下部防护装置的专用货车和专项作业车除外）和挂车（长货挂车除外）的后下部，应提供符合GB 11567规定的后下部防护，以防止追尾碰撞时发生钻入碰撞

12 三角警告牌、反光背心

1 查验要求

对申请以下登记业务的危险货物运输车，查验三角警告牌、反光背心：

（1）注册登记；

（2）转移登记；

（3）变更登记（因质量问题更换整车；转入；变更迁出）。

2 查验方法

目视查验，重点检查配备情况、外观形状。

3 合格判定

要点一： 根据《机动车运行安全技术条件》（GB 7258—2017）的12.15.2，2018年1月1日起出厂的汽车（无驾驶室的三轮汽车除外）应配备1件反光背心的要求。对2018年1月1日以前出厂的汽车进行查验时，任何情况下都不应由于其未配备汽车乘员反光背心而认定查验结果为不合格。

要点二： 三角警告牌是中空的，外侧为红色的回复反射区，内侧邻接的为红色荧光区，均为同心的等边三角形，边长为500mm±50mm，中空区域的边长最小为70mm。

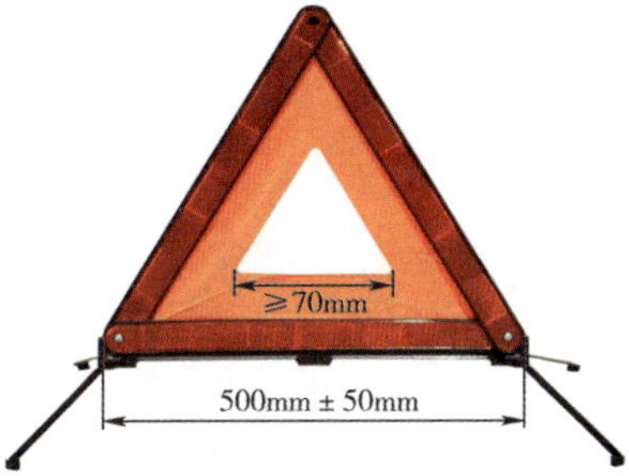

三角警告牌式样和尺寸要求

要点三： 三角警告牌放置道路使用时，正面应垂直于地面（如果警告牌轴线与地平面之间的夹角不超过5°，则认为满足要求），且支撑面与警告牌底边之间的距离应不大于300mm。

三角警告牌正确使用式样

4 常见不合格情形

新车未配备三角警告牌、反光背心的违规情形较多。配备的三角警告牌不符合标准的情形比较多。

5 标准依据

三角警告牌、反光背心查验判定标准依据如下。

三角警告牌、反光背心查验判定标准依据

名　称	章节	条　款
《机动车查验工作规程》（GA 801—2019）	附录A 表A.1	汽车（无驾驶室的三轮汽车除外）应配备1个机动车用三角警告牌，属于2018年1月1日以后的还应配备1件反光背心；三角警告牌及反光背心式样及尺寸应符合相关规定。 非注册登记查验时，乘用车未按规定配备机动车用三角警告牌和/或反光背心的，告知机动车所有人或申请人（或被委托人的经办人）道路交通安全法律法规和技术标准相关规定和使用要求，记录相关情况后视为合格
《机动车运行安全技术条件》（GB 7258—2017）	12.15.2	汽车（无驾驶室的三轮汽车除外）应配备1件反光背心和1个符合GB 19151规定的三角警告牌，三角警告牌在车上应妥善放置；车长大于或等于6m的客车和总质量大于3500kg的货车，还应装备至少2个停车楔（如三角垫木）
《机动车用三角警告牌》（GB 19151—2003）	4.1.1	警告牌应是中空的，外侧为红色的回复反射区，内侧邻接的为红色荧光区，均为同心的等边三角形。警告牌由支架支撑在距地面一定高度处
	4.1.2	在正常使用条件下，警告牌应能保持规定的特性和良好的性能
	4.1.3	警告牌的光学部件应不易拆卸，组成警告牌的各部分也应不易拆卸，将警告牌放置在道路上，各部分应具有良好的稳定性。将警告牌放入保护罩内时，其可动部件包括支架应是不可拆的
	4.1.4	当警告牌被放置在使用道路上时，警告牌正面应垂直于地面（如果警告牌轴线与地平面之间的夹角不超过5℃，则认为满足要求）
	4.1.5	警告牌正面不得粗糙，应易于清洁；若有凸起不应妨碍清洁
	4.1.6	警告牌及其支架不应有尖角或锐边
	4.1.7	警告牌应带有保护罩，以防止受到侵蚀。如采用其他防护方法，也可以不使用保护罩

续上表

名称	章节	条款
《机动车用三角警告牌》（GB 19151—2003）	4.2.1	警告牌的理论边长为500mm ± 50mm，反射器宽度为25 ~ 50mm，外边沿宽度不得超过5mm，且不一定是红色的。 回复反射单元可以是连续的，或者是不连续的。如果是不连续的，反射器的非连续区域必须是红色的。 荧光器应延伸到反射器，并沿着反射器三角形的三条边对称排列。荧光器面积不得小于315cm^2。在反射器和荧光器之间的边沿不得大于5mm，可以连续或不连续，且不一定是红色的。 警告牌中空区域的边长最小为70mm
	4.2.2	支撑面与警告牌底边之间的距离应不大于300mm

13 灭火器

1 查验要求

对申请以下登记业务的危险货物运输车，查验灭火器：

（1）注册登记；

（2）转移登记；

（3）变更登记（因质量问题更换整车；转入；变更迁出）。

2 查验方法

实车查看灭火器是否在有效期内，安装是否牢靠并便于使用。

3 合格判定

灭火器应处于有效期内（一般压力表指针在绿色标记范围内），且在车身安装牢靠、便于使用。道路运输爆炸品和剧毒化学品的车辆驾驶室内应配备一个干粉灭火器，在车辆两边应配备与所装载介质性能相适应的灭火器各一个。

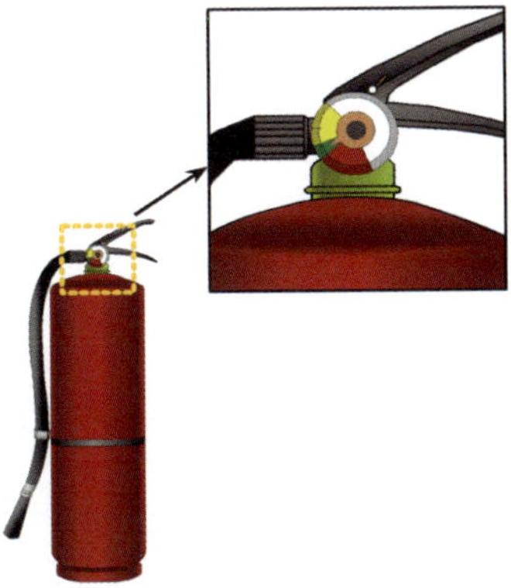

灭火器压力表指针位置

4 常见不合格情形

灭火器失效，未在车身安装牢靠、便于使用。道路运输爆炸品和剧毒化学品的车辆配备灭火器数量不符合要求。

5 标准依据

灭火器查验判定标准依据如下。

灭火器查验判定标准依据

名　称	章节	条　款
《机动车查验工作规程》（GA 801—2019）	附录A 表A.1	客车、危险货物运输车、（2018年1月1日起出厂的）旅居车应配备使用状态有效的灭火器，灭火器在车身应安装牢靠并便于使用，其压力表应在不移动灭火器的条件下能观察到压力状态
《机动车运行安全技术条件》（GB 7258—2017）	12.12.1	专门用于运送易燃和易爆物品的危险货物运输车，车上应备有消防器材并具有相应的安全措施；排气管的布置应能避免加热和点燃货物，距燃油箱、燃油管净距离应大于或等于200mm，排气管出口应装在罐体/箱体前端面之前、不高于车辆纵梁上平面的区域，并安装符合GB 13365规定的机动车排气火花熄灭器，机动车尾部应安装接地端导体截面积大于或等于100mm^{2}的导静电橡胶拖地带，且拖地带接地端无论空、满载应始终接地
《道路运输爆炸品和剧毒化学品安全技术条件》（GB 20300—2018）	4.2.10	驾驶室内应配备一个灭火器，在车辆两边应配备与所装载介质性能相适应的的灭火器各一个

14 轮胎

1 查验要求

对申请以下登记业务的危险货物运输车，查验轮胎完好情况：

（1）注册登记；

（2）转移登记；

（3）变更登记（变更车身颜色；改变使用性质；更换车身或者车架；更换发动机；因质量问题更换整车；转入；变更迁出）；

（4）变更备案（重新打刻车辆识别代号、重新打刻发动机号码）；

（5）申领、补领机动车登记证书；

（6）申请换发新能源汽车专用号牌。

对申请以下登记业务的危险货物运输车，查验轮胎规格：

（1）注册登记；

（2）转移登记；

（3）变更登记（因质量问题更换整车；转入；变更迁出）。

2 查验方法

比对实车轮胎规格与《道路机动车辆生产企业及产品公告》、机动车整车出厂合格证明登记等相关凭证（或资料）是否一致；查看同轴两侧轮胎规格和花纹一致。

查看轮胎完整性，是否存在破裂、缺损、异常磨损、割伤和暴露出轮胎帘布层情况；查看轮胎胎冠花纹深是否符合标准；轮胎螺母应完整齐全；查看转向轮是否使用翻新轮胎。

注册登记查验时，轮胎数应与机动车整车出厂合格证明等相关凭证记载的数据一致；其他情况下，轮胎数应与《机动车行驶证》上机动车标准照片记载的轮胎数一致。

3 合格判定

要点一： 车辆轮胎规格与《道路机动车辆生产企业及产品公告》、机动车整车出厂合格证明记载信息一致。

要点二： 车辆应装用子午线轮胎，且同一轴上的所有轮胎规格和花纹应相同。

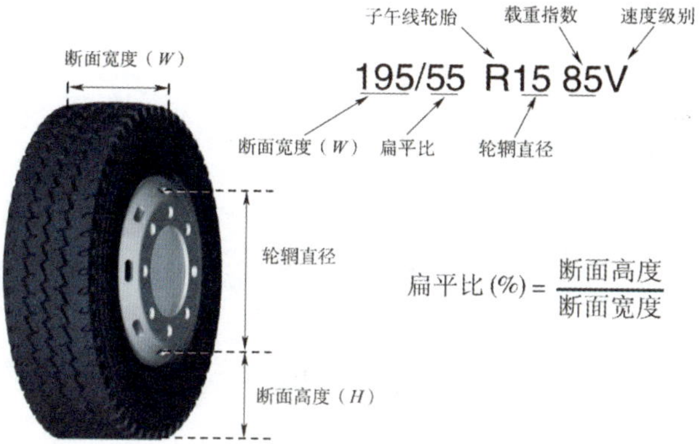

轮胎规格识别方法

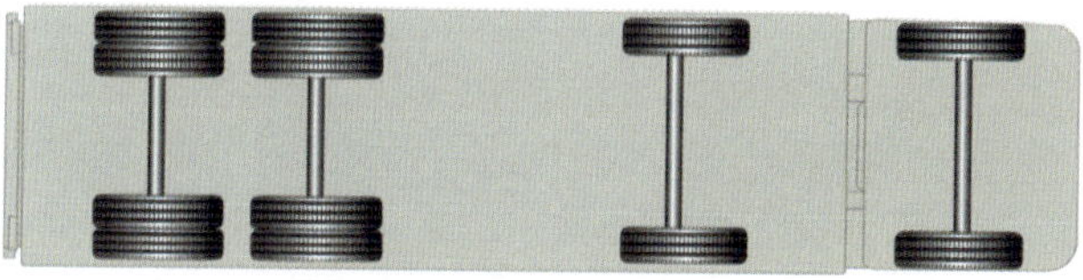

同轴轮胎规格和花纹一致

要点三： 货车转向轮的胎冠花纹深度应大于或等于3.2mm；其余轮胎胎冠花纹深度应大于或等于1.6mm。

轮胎花纹深度计测量胎纹深度

要点四： 轮胎胎面及胎壁应无影响使用的破裂、缺损、异常磨损和割伤，轮胎胎面不得因局部磨损而暴露出轮胎帘布层；轮胎的胎面和胎壁上不得有长度超过25mm或深度足以暴露出轮胎帘布层的破裂和割伤。

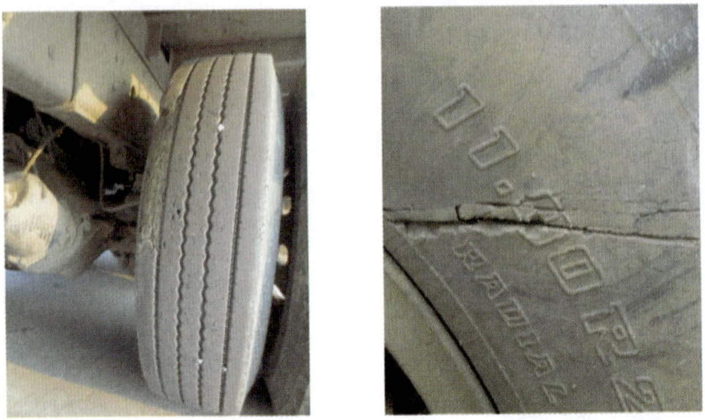

轮胎缺损有严重划痕

几种常见的轮胎安全隐患

要点五：转向轮不得装用翻新轮胎。

查验轮胎时同时注意，依据《机动车运行安全技术条件》（GB 7258—2017）的9.4规定，总质量大于或等于12000kg的危险货物运输货车的后轴，所有危险货物运输半挂车，以及三轴栏板式、仓栅式半挂车应装备空气悬架。

翻新轮胎识别说明，根据《载重汽车翻新轮胎》（GB 7037—2007）的规定，每条翻新轮胎上应有以下标志，其中（1）~（4）项为模刻标志，（5）项为永久性的标志，（6）项可为水洗不掉的标志。

（1）轮胎规格；

（2）轮胎翻新厂商标、厂名或地名；

（3）翻新轮胎应标志“RETREAD”或“翻新”；
（4）负荷指数、层级、最大负荷能力、速度符号、充气压力；
（5）翻新次数、翻新批号或胎号；
（6）出厂检验印记。

4 常见不合格情形

车辆轮胎规格（尤其注意轮胎层级）与《道路机动车辆生产企业及产品公告》、机动车整车出厂合格证明记载信息不一致，磨损严重。

5 标准依据

轮胎查验判定标准依据如下。

轮胎查验判定标准依据

名称	章节	条款
《机动车查验工作规程》（GA 801—2019）	附录A表A.1	轮胎胎冠花纹深度应符合GB 7258—2017的9.1.6的要求，轮胎胎面及胎壁应无影响使用的破裂、缺损、异常磨损和割伤，轮胎胎面不应由于局部磨损而暴露出轮胎帘布层。轮胎螺母应完整齐全。公路客车、旅游客车和校车的所有车轮及其他机动车的转向轮不应装用翻新的轮胎。 注册登记查验时，轮胎数应与机动车整车出厂合格证明等相关凭证记载的数据一致；其他情况下，轮胎数应与《机动车行驶证》上机动车标准照片记载的轮胎数一致
		同一轴上的轮胎规格和花纹应相同，轮胎规格应与《道路机动车辆生产企业及产品公告》、机动车整车出厂合格证明等相关凭证（或资料）记载的内容相符
《机动车运行安全技术条件》（GB 7258—2017）	9.1.1	机动车所装用轮胎的速度级别不应低于该车最大设计车速的要求，但装用雪地轮胎时除外。总质量大于3500kg的货车和挂车（封闭式货车、旅居挂车等特殊用途的挂车除外）装用轮胎的总承载能力，应小于或等于总质量的1.4倍
	9.1.3	同一轴上的轮胎规格和花纹应相同，轮胎规格应符合整车制造厂的规定
	9.1.5	危险货物运输车及车长大于9m的其他客车应装用子午线轮胎

续上表

名　称	章节	条　款
《机动车运行安全技术条件》（GB 7258—2017	9.1.6	乘用车、挂车轮胎胎冠花纹上的花纹深度应大于或等于1.6mm，摩托车轮胎胎冠花纹上的花纹深度应大于或等于0.8mm；其他机动车转向轮的胎冠花纹深度应大于或等于3.2mm，其余轮胎胎冠花纹深度应大于或等于1.6mm
	9.1.7	轮胎胎面不应由于局部磨损而暴露出轮胎帘布层。轮胎不应有影响使用的缺损、异常磨损和变形

15 盘式制动器

1 查验要求

对申请以下登记业务的危险货物运输车，查验盘式制动器：

（1）注册登记；

（2）转移登记；

（3）变更登记（改变使用性质；更换车身或者车架；因质量问题更换整车；转入；变更迁出）。

2 查验方法

查看车轮前轮制动器；对于无法查看实车的，查看车辆相关凭证和技术资料确认前轮是否安装了盘式制动器。

3 合格判定

2012年9月1日起出厂的所有危险货物运输车，其前轮应装备盘式制动器。

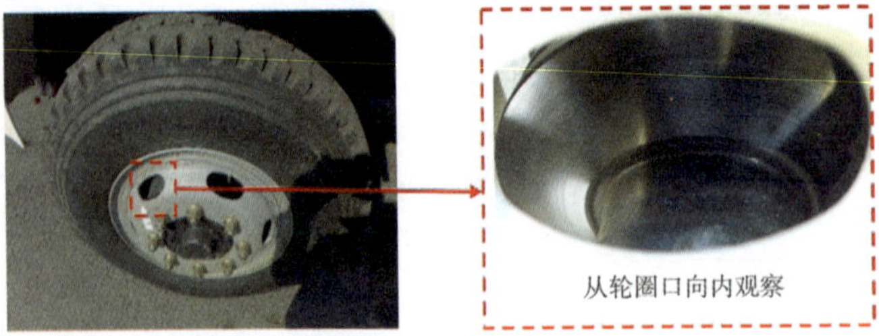

通过轮圈孔观察盘式制动器

通过车架内侧观察盘式制动器

4 标准依据

盘式制动器查验判定标准依据如下。

盘式制动器查验判定标准依据

名　称	章节	条　款
《机动车查验工作规程》（GA 801—2019）	5.15c）	实车查看机动车前轮（实车无法查看时只查看车辆相关凭证和技术资料），确认机动车前轮是否安装了盘式制动器
	附录A表A.1	盘式制动器：2013年5月1日起出厂的专用校车，2012年9月1日起出厂的车长大于9m的其他客车（未设置乘客站立区的公共汽车除外）和所有危险货物运输货车，以及2013年9月1日起出厂的车长大于9m的未设置乘客站立区的公共汽车，其前轮应装备盘式制动器。2019年1月1日起出厂的危险货物运输半挂车及2020年1月1日起出厂的三轴栏板式和仓栅式半挂车，其所有车轮均应装备盘式制动器
《机动车运行安全技术条件》（GB 7258—2017）	7.2.6	汽车（三轮汽车除外）、摩托车（边三轮摩托车除外）、挂车（总质量不大于750kg的挂车除外）的所有车轮应装备制动器。其中，所有专用校车和危险货物运输货车的前轮和车长大于9m的其他客车的前轮，以及危险货物运输半挂车、三轴的栏板式和仓栅式半挂车的所有车轮，应装备盘式制动器

16 轴数、轴距

1 查验要求

对申请以下登记业务的危险货物运输车，查验轴数、轴距：

（1）注册登记；

（2）转移登记；

（3）变更登记（因质量问题更换整车；转入；变更迁出）。

2 查验方法

实车查看轴数；

查验轴距等尺寸参数时，应采用机动车安全技术检验机构或其他具备资质的机构，按照规定测得的相关尺寸参数数值或使用量具测量相关尺寸参数，并与《道路机动车辆生产企业及产品公告》、机动车整车出厂合格证明等凭证、技术资料记载的数值进行比对，确认是否在允许的误差范围内；

专家意见（查验工作提示2020-09）：对国产载货车辆进行查验时，通过查看操作相关操控设备确认是否存在提升轴，发现实车的某根非驱动轴（随动桥）可提升的，应核实该车型对应整车《道路机动车辆生产企业及产品公告》的备注栏中是否有“车辆第×轴为非驱动轴（或随动桥），可提升”等说明，无上述说明的，该轴应不能提升，该载货车辆涉嫌违规生产。

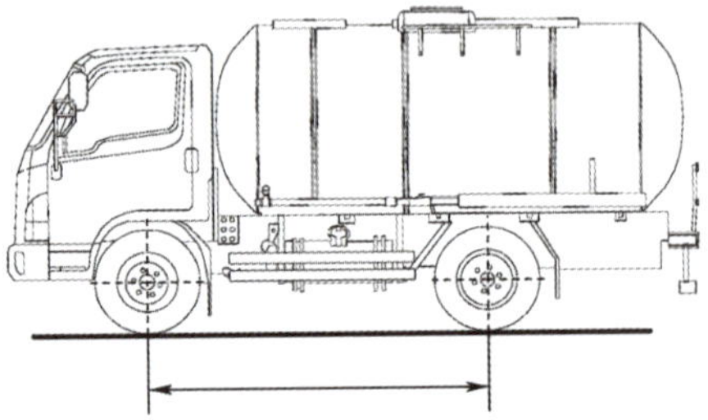

两轴车轴距测量方法

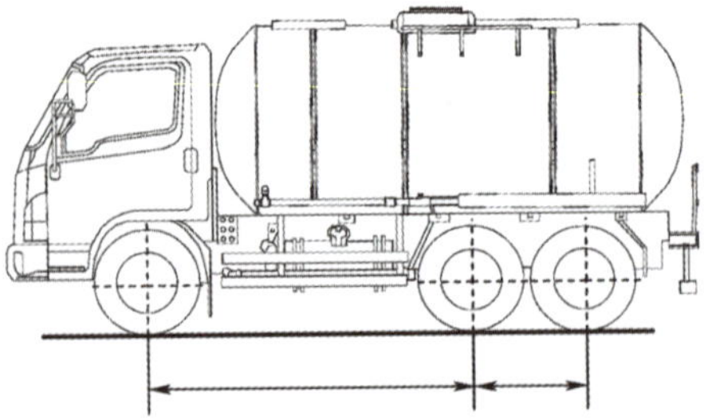

三轴车轴距测量方法

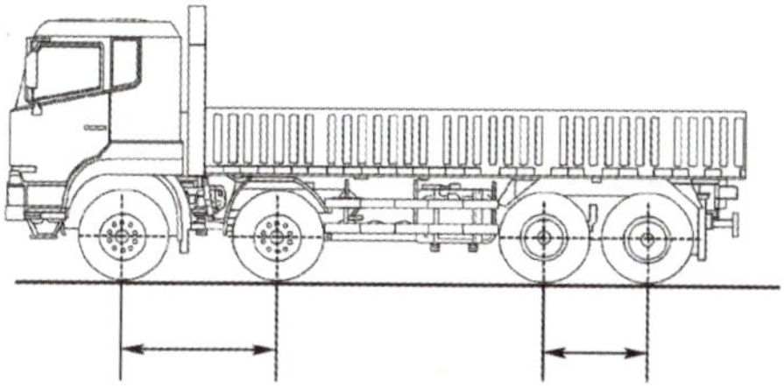

四轴车测量方法

3 合格判定

注册登记查验时，轴数、轴距应与《道路机动车辆生产企业及产品公告》、机动车整车出厂合格证明等相关凭证上记载的数据相符；其他情况下，轴数应与《机动车行驶证》上机动车照片记载的轴数一致。轴距的公差允许范围按车辆外廓尺寸的规定执行。

4 常见不合格情形

个别车辆存在提升轴与《道路机动车辆生产企业及产品公告》不符。轴距的公差允许范围超出误差规定。

5 标准依据

轴数、轴距查验判定标准依据如下。

轴数、轴距查验判定标准依据

名　称	章节	条　款
《机动车查验工作规程》（GA 801—2019）	5.13	查验车辆外廓尺寸、轴距等尺寸参数时，应采用机动车安全技术检验机构或其他具备资质的机构按照规定测得的相关尺寸参数数值或使用量具测量相关尺寸参数，并与《道路机动车辆生产企业及产品公告》、机动车整车出厂合格证明等凭证、技术资料记载的数值进行比对，确认是否在允许的误差范围内
	附录A 表A.1	注册登记查验时，轴数、轴距应与《道路机动车辆生产企业及产品公告》、机动车整车出厂合格证明等相关凭证上记载的数据相符；其他情况下，轴数应与《机动车行驶证》上机动车照片记载的轴数一致。 轴距的公差允许范围按车辆外廓尺寸的规定执行

17 外廓尺寸

1 查验要求

对申请以下登记的危险货物运输车，查验外廓尺寸：

（1）注册登记；

（2）转移登记；

（3）变更登记（重、中型货车更换车身或者车架；因质量问题更换整车；转入；变更迁出）。

2 查验方法

查验车辆外廓尺寸参数时，应采用机动车安全技术检验机构或其他具备资质的机构，按照规定测得的相关尺寸参数数值或使用量具测量相关尺寸参数，并与《道路机动车辆生产企业及产品公告》、机动车整车出厂合格证明等凭证、技术资料记载的数值进行比对，确认是否在允许的误差范围内。

钢卷尺

激光测距仪

铅锤

塔尺

需要注意的是，《汽车、挂车及汽车列车外廓尺寸、轴荷及质量限值》（GB 1589—2016）规定了测量车辆长、宽、高时不计入测量范围的部件，具体如下。

（1）车辆长度。

车辆长度是指分别过汽车前后最外端点且垂直于*Y*（纵向对称平面）平面和*X*（支撑平面）平面的两平面间的距离。

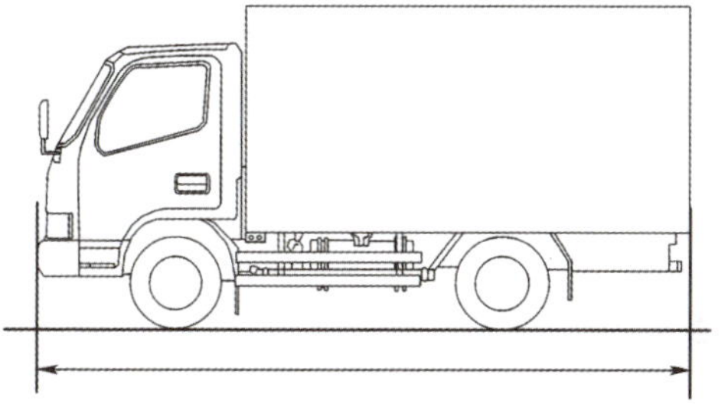

危险货物运输车长度示意

需要注意的是，以下项目不计入车辆长度测量数值。

不计入车辆长度测量数值的项目

分类	项目
不具备载货功能，且超出车辆前或后端不大于50mm、边和角的圆角半径不小于5mm的以下装置不在车辆长度测量范围	刮水器和洗涤器
	外部标识，包括注册商品商标、生产企业名称、商品产地、车型名称及型号、发动机排量、变速器形式、驱动形式及反映车辆特征的其他标识
	灯光和光信号装置
	外部遮阳装置
	海关密封装置及其防护装置
	用于栓固防雨布的装置及其防护装置
	锁止装置、铰链、手柄、控制器、开光
	出入口踏步（或爬梯）、保险杠上端用于风窗擦拭的上车踏步及把手
	后标志板含LOGO标志
	可拆卸的车辆用的挂接或拖拽装置
	排气尾管

续上表

分　类	项　目
不具备载货功能的以下装置不在车辆长度测量范围	空气进气管
	在半挂车前回转半径内的冷藏半挂车的冷机、半挂车的工具箱框、爬梯、前端气/电连接器及其防护罩
	间接视野装置
	电力车辆的集电装置（含其固定装置）
	展开长度不超过2000mm，收起状态不超过200mm，可拆卸或折叠的车辆后部导流装置
	收起状态的水平高度不超过300mm的尾板、上下坡道及类似装置
	后尾梯

（2）车辆宽度。

车辆宽度是指分别过车辆两侧固定突出部位最外侧点且平行于Y平面的两平面之间的距离。

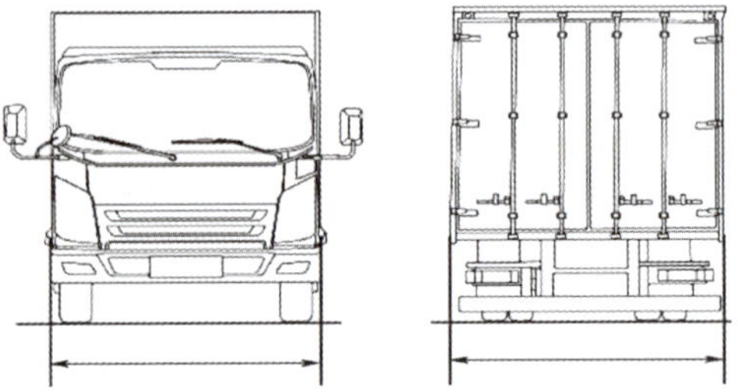

危险货物运输车宽度示意

需要注意的是，以下项目不计入车辆宽度测量数值。

不计入车辆宽度测量数值的项目

分　类	项　目
不具备载货功能，且单侧超出车辆侧面不大于50mm、边和角的圆角半径不小于5mm的以下装置不在车辆宽度测量范围	外部标识，包括注册商品商标、生产企业名称、商品产地、车型名称及型号、发动机排量、变速箱型式、驱动型式及反应车辆特征的其他标识
	灯光和光信号装置
	海关密封装置及其防护装置
	防撞胶块及类似装置
	用于栓固防雨布的装置及其防护装置

续上表

分　类	项　目
不具备载货功能，且单侧超出车辆侧面不大于50mm、边和角的圆角半径不小于5mm的以下装置不在车辆宽度测量范围	局部的流水槽，指用于引导驾驶人门（或窗）上方雨水流、乘客门上方和位于前挡风玻璃两侧引导雨水流向的流水槽
	防飞溅系统的柔性突出部分
	在收起位置时的可伸缩踏步、客车的出入坡道、举升平台及类似装置
	锁止装置、铰链、手柄、控制器、开光
	轮胎失效信号装置
	轮胎压力指示器
	位于轮胎接地点正上方的轮胎壁的变形部分
	倒车辅助装置
	排气尾管
以下装置不在车辆宽度测量范围	间接视野装置
	非工作状态下的校车停车指示牌

（3）车辆高度。

车辆宽度为车辆最高点至X平面的距离。

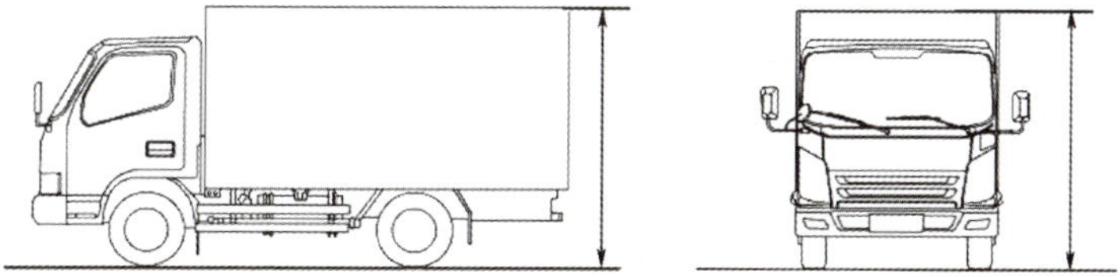

危险货物运输车高度示意

需要注意的是，天线的软质部分不计入车辆高度测量数值。

3 合格判定

要点一： 注册登记查验时，车辆的长、宽、高应与机动车整车出厂合格证明等相关凭证上记载的数值相符，其他情况下，应与《机动车行驶证》上记载的数值相符。注册登记查验时，外廓尺寸参数公差允许范围对汽车为±1%或±50mm，其他情况查验时，对汽车为±2%或±100mm。

要点二： 汽车的实际外廓尺寸不得超出现行国家标准《汽车、挂车及汽车列车外廓尺寸、轴荷及质量限值》（GB 1589）规定相应车型的限值。

要点三：测量外廓尺寸参数时，应考虑允许自行加装的部件及变更使用性质拆除标志灯具对测量结果的影响。判定车辆外廓尺寸参数是否在公差允许范围内时，应考虑测量误差。

仓栅式、栏板式、平板式、自卸式货车及其半挂车的外廓尺寸的最大限值表（单位：mm）

车辆类型			长度	宽度	高度
仓栅式货车 栏板式货车 平板式货车 自卸式货车	二轴	最大设计总质量≤3500kg	6000	2550	4000
		最大设计总质量>3500kg，且≤8000kg	7000		
		最大设计总质量>8000kg，且≤12000kg	8000		
		最大设计总质量>12000kg	9000		
	三轴	最大设计总质量≤20000kg	11000		
		最大设计总质量>20000kg	12000		
	双转向轴的四轮汽车		12000		
仓栅式挂车 栏板式挂车 平板式挂车 自卸式挂车	一轴		8600		
	二轴		10000		
	三轴		13000		

其他汽车、挂车及汽车列车的外廓尺寸不应超过下表规定的最大限值。

其他汽车、挂车及汽车列车外廓尺寸的最大限值（单位：mm）

车辆类型		长度	宽度	高度
汽车	三轮汽车[a]	4600	1600	2000
	低速货车	6000	2000	2500
	货车及半挂牵引车	12000[b]	2550[c]	4000
挂车	半挂车	13750[d]	2550[c]	4000
	中置轴、牵引杆挂车	12000[e]		

注：a 当采用转向盘转向，由传动轴传递动力，具有驾驶室且驾驶人座椅后设计有物品放置空间时，长度、宽度、高度的限值分别为5200mm、1800mm、2200mm。

b 专用作业车车辆长度限值要求不适用，但应符合相关标准要求。

c 冷藏车宽度最大限值为2600mm。

d 运送45ft[1]集装箱的半挂车长度最大限值为13950mm。

e 车厢长度限值为8000mm（中置轴车辆运输挂车除外）。

[1] 1ft=0.3048m。

4 常见不合格情形

实测车辆外廓尺寸与《道路机动车辆生产企业及产品公告》、机动车整车出厂合格证明记载数据不一致或超出误差范围，甚至超出国家限值的违规情形较多。

5 标准依据

外廓尺寸查验判定标准依据如下。

外廓尺寸查验判定标准依据

名　称	章节	条　款
《机动车查验工作规程》（GA 801—2019）	5.8	确定车辆类型时，机动车实车车长符合 GB 1589 等机动车国家安全技术标准的规定且实车车长与《道路机动车辆生产企业及产品公告》、机动车整车出厂合格证明等技术文件记载的名义车长的偏差在允许范围内时，按照《道路机动车辆生产企业及产品公告》、机动车整车出厂合格证明等技术文件记载的名义车长核定车辆类型。
	5.13	查验车辆外廓尺寸、轴距等尺寸参数时，应采用机动车安全技术检验机构或其他具备资质的机构按照规定测得的相关尺寸参数数值或使用量具测量相关尺寸参数，并与《道路机动车辆生产企业及产品公告》、机动车整车出厂合格证明等凭证、技术资料记载的数值进行比对，确认是否在允许的误差范围内；对侧面及后下部防护装置离地高度、车身反光标识和车辆尾部标志板尺寸、面积等参数有疑问时，也应使用量具测量相关尺寸
	附录A 表A.1	汽车及汽车列车、挂车的实际外廓尺寸不应超出GB 1589规定的限值，摩托车的实际外廓尺寸不应超出GB 7258—2017中表2规定的限值。 注册登记查验时，车辆的长、宽、高应与机动车整车出厂合格证明等相关凭证上记载的数值相符，属于工信部联产业〔2014〕453号文件规定的小微型面包车的车长应小于或等于4500mm、车宽应小于或等于1680mm；其他情况下，应与《机动车行驶证》上记载的数值相符。外廓尺寸参数公差允许范围，注册登记查验时对汽车（三轮汽车除外）、挂车为±1%或±50mm，对其他机动车为±3%或±50mm。其他情况查验时，对汽车（低速汽车除外）、挂车为±2%或±100mm，对其他机动车为±3%或±100mm；2014年12月1日之前注册登记的挂车，外廓尺寸参数公差为±3%或±100mm的，不应视为不符合要求。测量外廓尺寸参数时，

续上表

名　称	章节	条　款
《机动车查验工作规程》（GA 801—2019）	附录A 表A.1	应考虑允许自行加装的部件及变更使用性质拆除标志灯具对测量结果的影响。判定车辆外廓尺寸参数是否在公差允许范围内时，应考虑测量误差。 发现安全技术检验合格证明（或测试报告）记载的测试结果与实车外廓尺寸等参数明显不一致的，不予采信测试结果，按规定予以处罚并通报相关行业主管部门。 注：GB 1589—2016国家标准规定了测量车辆长、宽、高时不计入测量范围的部件
《机动车运行安全技术条件》（GB 7258—2017）	4.2	汽车、挂车及汽车列车的外廓尺寸应符合GB 1589的规定

18 整备质量

1 查验要求

对申请以下登记业务的危险货物运输车，查验整备质量：

（1）注册登记；

（2）转移登记；

（3）变更登记（重、中型货车更换车身或者车架；因质量问题更换整车；转入；变更迁出）。

2 查验方法

查验整备质量时，应采用机动车安全技术检验机构或其他具备资质的机构按照规定测得的整备质量数值，并与《道路机动车辆生产企业及产品公告》、机动车整车出厂合格证明等凭证、技术资料记载的数值进行比对，确认是否在允许的误差范围内。

3 合格判定

比对机动车安全技术检验合格证明或其他具备资质的机构出具的测试报告上记载的测试结果，实车整备质量与《道路机动车辆生产企业及产品公告》、机动车整车出厂合格证明等凭证、技术资料记载的整备质量的误差应符合管理规定（注册登记查验时按现行国家标准《机动车安全技术检验项目和方法》（GB 21861）规定执行）；误差符合管理规定且总质量也符合现行国家标准《汽车、挂车及汽车列车外廓尺寸、轴荷及质量限值》（GB 1589）的，按照相关凭证、技术资料核定载质量。

判定整备质量误差是否符合管理规定时，应考虑测量误差。

辖区内转移登记查验时，确认车辆无非法改装情形且最近一次安全技术检验的轴荷等相关数据正常的，视为合格。

发现安全技术检验合格证明（或测试报告）记载的测试结果与实车整备质量明显不一致的，不予采信测试结果，按规定予以处罚并通报相关行业主管部门。

4 常见不合格情形

实测车辆整备质量与《道路机动车辆生产企业及产品公告》、机动车整车出厂合格证明记载数据不一致超出误差范围的违规情形较多。注意部分厂家为通过检验“拆除必要部件、使用值班货箱”甚至“替检”的违法违规行为，尤其注意“大吨小标”嫌疑车型。

5 标准依据

整备质量查验判定标准依据如下。

整备质量查验判定标准依据

名　称	章节	条　款
《机动车查验工作规程》（GA 801—2019）	附录A表A.1	对所有货车、货车底盘改装的专项作业车和总质量大于750kg的挂车，以及带驾驶室的正三轮摩托车，比对机动车安全技术检验合格证明或其他具备资质的机构出具的测试报告上记载的测试结果，实车整备质量与《道路机动车辆生产企业及产品公告》、机动车整车出厂合格证明等凭证、技术资料记载的整备质量的误差应符合管理规定（注册登记查验时按GB 21861规定执行）；误差符合管理规定且总质量也符合GB 1589的，按照相关凭证、技术资料核定载质量。判定整备质量误差是否符合管理规定时，应考虑测量误差。辖区内转移登记查验时，确认车辆无非法改装情形且最近一次安全技术检验的轴荷等相关数据正常的，视为合格。发现安全技术检验合格证明（或测试报告）记载的测试结果与实车整备质量明显不一致的，不予采信测试结果，按规定予以处罚并通报相关行业主管部门

续上表

名　称	章节	条　款
《机动车查验工作规程》（GA 801—2019）	5.14	查验整备质量时，应采用机动车安全技术检验机构或其他具备资质的机构按照规定测得的整备质量数值，并与《道路机动车辆生产企业及产品公告》、机动车整车出厂合格证明等凭证、技术资料记载的数值进行比对，确认是否在允许的误差范围内
《机动车运行安全技术检验项目和方法》（GB 38900—2020）	6.8.1	注册登记检验时，机动车的整备质量应与机动车产品公告、机动车出厂合格证相符，重中型货车、重中型挂车不超过 ± 3%或 ± 500kg，轻微型货车、轻微型挂车不超过 ± 3%或 ± 100kg

19 核定载人数、座位数

1 查验要求

对申请以下登记业务的危险货物运输车，查验核载人数、座位数：

（1）注册登记；

（2）转移登记；

（3）变更登记（因质量问题更换整车；转入；变更迁出）。

2 查验方法

注册登记查验时，按照《机动车运行安全技术条件》（GB 7258—2017）的4.4.2～4.4.6及11.6核定载客人数/驾驶室乘坐人数。对实行《道路机动车辆生产企业及产品公告》管理的国产机动车，载货汽车的驾驶室乘坐人数与机动车整车出厂合格证明标明的数值比对；对进口机动车，核定的乘坐人数应与进口机动车辆随车检验单证及其他经主管部门认可的技术资料（如车辆产品一致性证书）进行比对。其他情况下，座位/铺位数应与《机动车行驶证》记载的内容比对。

对驾驶室前排核定乘坐3人的汽车，应实车测量驾驶室（区）内部宽度。

3 合格判定

要点一： 注册登记查验时，按照《机动车运行安全技术条件》（GB 7258—2017）的4.4.2～4.4.6及11.6核定载客人数/驾驶室乘坐人数。对实行《道路机动车辆生产企业及产品公告》管理的国产机动车，载货汽车的驾驶室乘坐人数与机动车整车出厂合格证明标明的数值应一致且符合《道路机动车辆生产企业及产品公告》管理的相关规定；对进口机动车，核定的乘坐人数应与进口机动车辆随车检验单证及其他经主管部门认可的技术资料（如车辆产品一致性证书）一致。其他情况下，座位/铺位数应与《机动车行驶证》记载的内容一致。

要点二： 驾驶室前排座位按驾驶室内部宽度（系指驾驶室门窗下缘，并在车门后支柱内侧量取）大于或等于1200mm时核定2人，大于或等于1650mm时核定3人，但每名前排乘员的座垫宽和座垫深均应大于或等于400mm。

注： 驾驶室（区）内部宽度，系指在两侧门窗下缘延伸至车门后支柱处，量取的车门内饰板间最小值；如车门设计和制造上有搁手区域，则量取搁手平面上方的车门内饰板间最小值。其中，量取的车门内饰板间最小值应取靠近B柱处的最小值，而不是前端，因为肩部空间是靠后的，是人体最宽的部位；搁手区域是指汽车行驶过程时前排乘员可放置手臂的平台区域，通常在车门中部。

要点三： 双排座位驾驶室的后排座位，按座垫中间位置测量的车身内部宽度，在能保证与前排座位的间距大于或等于650mm且座垫深度大于或等于400mm时，每400mm核定1人。

要点四： 危险货物运输货车的核定乘坐人数应小于或等于3人。驾驶室（区）以外部位设置的座椅和卧铺不核定乘坐人数。

4 常见不合格情形

货车驾驶室前排座位的内部宽度不足1650mm，机动车整车出厂合格证明签注的核载人数为3人；座椅布局不合理等不符合国家标准要求的违规情形较多。

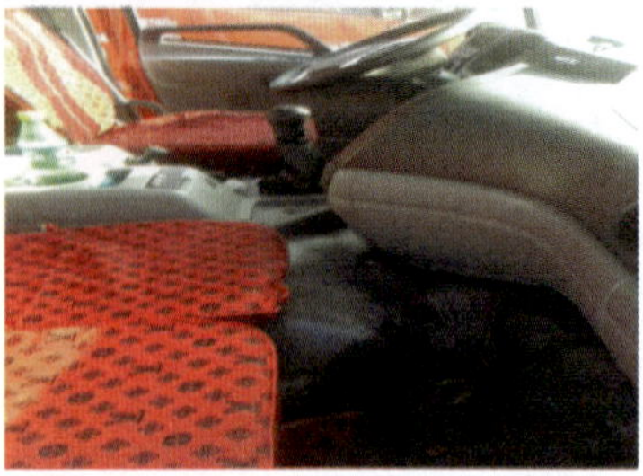

中间座椅不能保证就坐乘客的乘坐空间

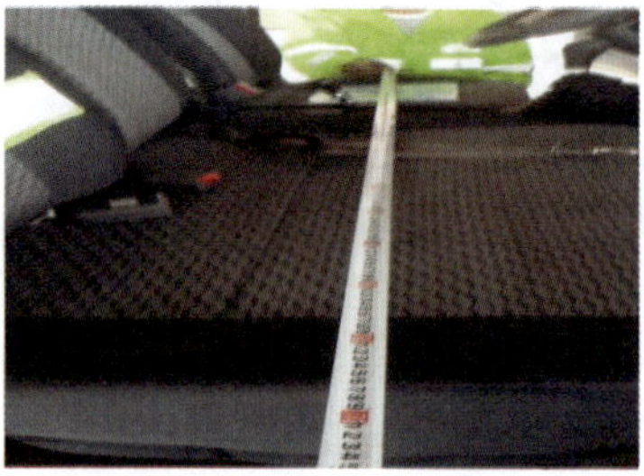

前排驾驶室内部尺寸小于1650mm，核定3人

5 标准依据

核定载人数、座位数查验判定标准依据如下。

核定载人数、座位数查验判定标准依据

名　　称	章节	条　　款
《机动车查验工作规程》（GA 801—2019）	5.10	确定核定载人数时，对客车、发动机中置且宽高比小于或等于0.9的乘用车、车高大于或等于1850mm的小型普通客车，应实车查看座位数、座间距及座椅布置情况，对驾驶室前排核定乘坐3人的汽车，应实车测量驾驶室（区）内部宽度
	附录A表A.1	注册登记查验时，按照GB 7258—2017的4.4.2～4.4.6及11.6核定载客人数/驾驶室乘坐人数。对实行《道路机动车辆生产企业及产品公告》管理的国产机动车，载货汽车和专项作业车核定的驾驶室乘坐人数、载客汽车核定的乘坐人数与机动车整车出厂合格证明标明的数值应一致且符合《道路机动车辆生产企业及产品公告》管理的相关规定；对进口机动车，核定的乘坐人数应与进口机动车辆随车检验单证及其他经主管部门认可的技术资料（如车辆产品一致性证书）一致。其他情况下，座位/铺位数应与《机动车行驶证》记载的内容一致
《机动车运行安全技术条件》（GB 7258—2017）	4.4.4.1	驾驶室（区）的前排座位，按驾驶室（区）内部宽度大于或等于1200mm时核定2人，大于或等于1650mm时核定3人，但每名前排乘员的座垫宽和座垫深均应大于或等于400mm
	4.4.4.2	双排座位驾驶室的后排座位，按座垫中间位置测量的车身内部宽度，在能保证与前排座位的间距大于或等于650mm且座垫深度大于或等于400mm时，每400mm核定1人
	4.4.4.3	带卧铺的货车，卧铺铺位不核定乘坐人数
	4.4.4.5	货车核定乘坐人数应小于或等于6人，专项作业车（消防车除外）核定乘坐人数应小于或等于9人，危险货物运输货车的核定乘坐人数应小于或等于3人
	4.4.6.3	货车驾驶室（区）以外部位设置的座椅和卧铺不核定乘坐人数

20 安全带

1 查验要求

对申请以下登记业务的危险货物运输车，查验汽车座椅安全带：

（1）注册登记；

（2）转移登记；

（3）变更登记（因质量问题更换整车；转入；变更迁出）。

2 查验方法

目测安全带数量齐全，固定点合理，实际操作确保安全带均能正常使用。

3 合格判定

汽车装备的汽车安全带应齐全且所有安全带均应能正常使用。

汽车安全带的固定点应合理，不应导致安全带卷带跨越其他乘客的上下车通道。

驾驶人座椅和前排乘员座椅均应装置汽车安全带；驾驶人座椅、前排乘员座椅（前排乘员座椅的中间位置除外）应装备三点式（或四点式）汽车安全带；汽车配备的安全带应能正常使用。

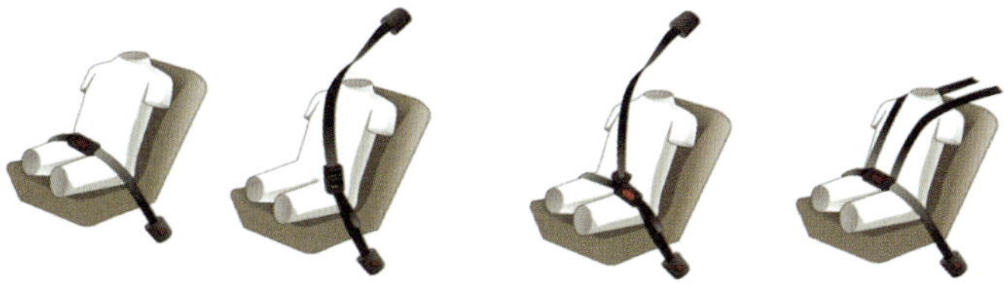

两点式　三点式　四点式

4 常见不合格情形

驾驶室中间座椅未安装安全带。安全带固定点不合理。

5 标准依据

安全带查验判定标准依据如下。

安全带查验判定标准依据

名　称	章节	条　款
《机动车查验工作规程》（GA 801—2019）	附录A 表A.1	汽车装备的乘员座椅数量应与机动车整车出厂合格证明等凭证、技术资料记载的信息一致。汽车装备的汽车安全带应齐全且所有安全带均应能正常使用；汽车安全带的固定点应合理，不应导致安全带卷带跨越其他乘客的上下车通道（乘客的上下车通道不包括停车时需临时移动、折叠座椅以便其他乘客上下车的情形）。卧铺客车每一个铺位均应安装两点式汽车安全带。 注册登记查验时，2018年1月1日前出厂的乘用车、公路客车、旅游客车、未设置乘客站立区的公共汽车、旅居车的所有座椅，其他汽车（低速汽车除外）的驾驶人座椅和前排乘员座椅均应装置汽车安全带；所有驾驶人座椅、前排乘员座椅（货车前排乘员的中间位置及设有乘客站立区的公共汽车除外）、客车位于踏步区的车组人员座椅以及乘用车除第二排及第二排以后的中间位置座椅外的所有座椅，装置的汽车安全带均应为三点式（或四点式）安全带；2018年1月1日起出厂的乘用车、旅居车、未设置乘客站立区的客车、货车（三轮汽车除外）、专项作业车的所有座椅，以及设有乘客站立区的客车的驾驶人座椅和前排乘员座椅均应装备汽车安全带；除三轮汽车外，所有驾驶人座椅、乘用车的所有乘员座椅（设计和制造上具有行动不便乘客乘坐设施的乘用车设置的后向座椅除外）、总质量小于或等于3500kg的其他汽车的所有外侧座椅、其他汽车（设有乘客站立区的客车除外）的前排外侧乘员座椅，装备的汽车安全带均应为三点式（或全背带式）汽车安全带
《机动车运行安全技术条件》（GB 7258—2017）	12.1.1	乘用车、旅居车、未设置乘客站立区的客车、货车（三轮汽车除外）、专项作业车的所有座椅，设有乘客站立区的客车的驾驶人座椅和前排乘员座椅均应装备汽车安全带
	12.1.2	除三轮汽车外，所有驾驶人座椅、乘用车的所有乘员座椅（设计和制造上具有行动不便乘客乘坐设施的乘用车设置的后向座椅除外）、总质量小于或等于3500kg的其他汽车的所有外侧座椅、其他汽车（设有乘客站立区的客车除外）的前排外侧乘员座椅，装备的汽车安全带均应为三点式（或全背带式）汽车安全带
	12.1.4	汽车安全带应可靠有效，安装位置应合理，固定点应有足够的强度。对于能够折叠以方便进入车辆的后部或行李舱的整体座椅或座垫或靠背，在折叠并恢复座椅到乘坐位置后，依据车辆产品使用说明书，单人就能方便地使用这些座椅配套的安全带，或很容易从这些座椅的下面或后面方便地进行恢复

21 行驶记录装置

1 查验要求

对申请以下登记业务的危险货物运输车，查验行驶记录装置：

（1）注册登记；

（2）转移登记；

（3）变更登记（改变使用性质；更换车身或者车架；因质量问题更换整车；转入；变更迁出）。

2 查验方法

实车查验驾驶室内行驶记录装置外观，“3C标识”及安装、显示情况。

行驶记录仪实物图

3 合格判定

要点一：行驶记录装置及连接导线在车上固定可靠，能够正常显示。

要点二：作为行驶记录装置，显示部分应易于观察、数据接口应便于移动存储介质的插拔。

要点三：主机外表面易见部位应模压或印有符合规定的“3C”标识。

4 常见不合格情形

未按规定安装行驶记录仪；行驶记录仪安装不牢固；行驶记录

仪不能正常显示等。

5 标准依据

行驶记录装置查验判定标准依据如下。

行驶记录装置查验判定标准依据

名　　称	章节	条　　款
《机动车查验工作规程》（GA 801—2019）	附录A表A.1	公路客车、旅游客车、危险货物运输货车，2013年3月1日起注册登记的未设置乘客站立区的公共汽车、半挂牵引车和总质量大于或等于12000kg的货车，2018年1月1日起出厂的设有乘客站立区的客车，2019年1月1日起出厂的其他客车，应安装符合规定的行驶记录仪、具有行驶记录功能的卫星定位装置等行驶记录装置。行驶记录装置及其连接导线在车上应固定可靠。行驶记录装置应能正常显示；如使用行驶记录仪作为行驶记录装置，其显示部分应易于观察、数据接口应便于移动存储介质的插拔。2006年12月1日起出厂汽车安装的汽车行驶记录仪，其主机外表面的易见部位应模压或印有符合规定的“3C”标识
《机动车运行安全技术条件》（GB 7258—2017）	8.6.5	所有客车、危险货物运输货车、半挂牵引车和总质量大于或等于12000kg的其他货车应装备具备记录、存储、显示、打印或输出车辆行驶速度、时间、里程等车辆行驶状态信息的行驶记录仪；行驶记录仪应接入车辆速度、制动等信号，规范设置车辆参数并配置驾驶人身份识别卡，显示部分应易于观察，数据接口应便于移动存储介质的插拔，技术要求应符合GB/T 19056的规定。校车、公路客车、旅游客车、危险货物运输货车装备具有行驶记录功能的卫星定位装置，且行驶记录功能的技术要求符合本标准及GB/T 19056相关规定，或车长小于6m的其他客车装备符合标准规定的事件数据记录系统（EDR），应视为满足要求。专用校车和卧铺客车、设有乘客站立区的客车，还应装备车内外视频监控录像系统；车内外视频监控录像系统摄像头的配备数量及拍摄方向应符合相关标准和管理规定，无遮挡

22 防抱死制动装置

1 查验要求

对申请以下登记业务的危险货物运输车，查验防抱制动装置：

（1）注册登记；

（2）转移登记；

（3）变更登记（改变使用性质；更换车身或者车架；因质量问题更换整车；转入；变更迁出）。

2 查验方法

查验车辆时打开机动车电源，观察“ABS”指示灯并判断ABS自检功能是否正常。

驾驶室内仪表盘ABS自检指示灯

3 合格判定

2012年9月1日起出厂的所有危险货物运输车，均应安装符合规定的防抱制动装置，且防抱制动装置的自检功能应正常。

4 常见不合格情形

“ABS”指示灯不能正常自检。

5 标准依据

防抱死制动装置查验判定标准依据如下。

防抱死制动装置查验判定标准依据

名　称	章节	条　款
《机动车查验工作规程》（GA 801—2019）	5.15d）	打开机动车电源，观察“ABS”指示灯并判断ABS自检功能是否正常，实车查看半挂车，确认机动车是否安装了防抱制动装置

续上表

名　称	章节	条　款
《机动车查验工作规程》（GA 801—2019）	附录A表A.1	防抱制动装置：半挂牵引车，总质量大于10000kg的挂车，专用校车，车长大于9m的公路客车和旅游客车，2012年9月1日起出厂的所有危险货物运输货车和2013年9月1日起出厂的车长大于9m的未设置乘客站立区的公共汽车，2014年9月1日起出厂的总质量大于或等于12000kg的货车和专项作业车（五轴及五轴以上专项作业车除外），2015年7月1日起出厂的发动机中置的乘用车，2018年1月1日起出厂的其他客车、乘用车、总质量大于3500kg且小于12000kg的货车和专项作业车、总质量大于3500kg且小于或等于10000kg的挂车，以及2019年1月1日起出厂的总质量小于或等于3500kg的货车和专项作业车，均应安装符合规定的防抱制动装置，且防抱制动装置的自检功能应正常
《机动车运行安全技术条件》（GB 7258—2017）	7.2.11	所有汽车（三轮汽车、五轴及五轴以上专项作业车除外）及总质量大于3500kg的挂车应装备符合规定的防抱制动装置。总质量大于或等于12000kg的危险货物运输货车还应装备电控制动系统（EBS）
	7.9.4	安装具有防抱制动装置的汽车，当防抱制动装置失效时，报警装置应能连续向驾驶人发出容易听到或看到的报警信号

23 辅助制动装置

1 查验要求

对申请以下登记业务的危险货物运输车，查验辅助制动装置：

（1）注册登记；

（2）转移登记；

（3）变更登记（改变使用性质；更换车身或者车架；因质量问题更换整车；转入；变更迁出）。

2 查验方法

查看驾驶室（区）内是否具有辅助制动装置操纵开关或查看车辆相关凭证和技术资料判断车辆是否装有辅助制动装置。

3 合格判定

要点一：2012年9月1日起出厂总质量大于3500kg的危险货物运

输车，应装备缓速器或其他辅助制动装置。

要点二： 实车驾驶室（区）内具有辅助制动装置操纵开关、辅助制动指示灯；相关资料凭证标注该车安装了辅助制动装置。其中，常见的辅助制动装置指示灯和布置位置如下图所示。

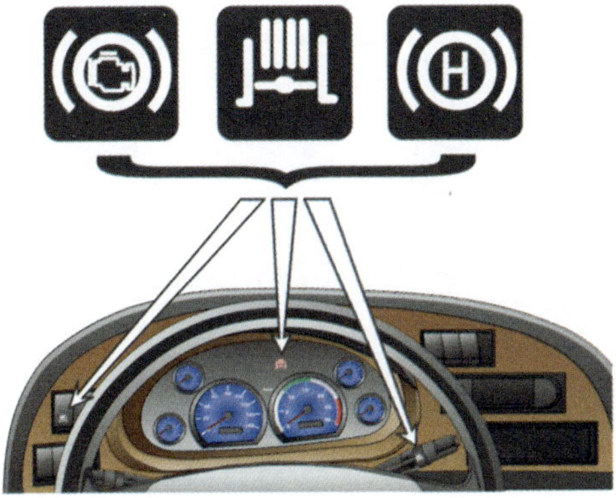

辅助制动指示灯和操纵开关

4 标准依据

辅助制动装置查验判定标准依据如下。

辅助制动装置查验判定标准依据

名　称	章节	条　款
《机动车查验工作规程》（GA 801—2019）	5.15b）	查看驾驶室（区）内的辅助制动装置操纵开关或车辆相关凭证和技术资料，确认机动车是否安装了辅助制动装置
	附录A 表A.1	辅助制动装置：2013年5月1日起出厂的车长大于8m的专用校车，2012年9月1日起出厂的车长大于9m的其他客车、总质量大于或等于12000kg的货车、总质量大于3500kg的危险货物运输货车，以及2014年9月1日起出厂的总质量大于或等于12000kg的专项作业车，应装备缓速器或其他辅助制动装置
《机动车运行安全技术条件》（GB 7258—2017）	7.5.1	车长大于9m的客车（对专用校车为车长大于8m）、总质量大于或等于12000kg的货车和专项作业车、总质量大于3500kg的危险货物运输货车，应装备缓速器或其他辅助制动装置。车长大于9m的未设置乘客站立区的客车、总质量大于3500kg的危险货物运输货车、半挂牵引车装备的辅助制动装置的性能要求应使汽车能通过GB 12676规定的ⅡA型试验

24 限速功能或限速装置

1 查验要求

对申请以下登记业务的危险货物运输车，查验是否具有限速功能或装备限速装置：

（1）注册登记；

（2）转移登记；

（3）变更登记（改变使用性质；更换车身或者车架；因质量问题更换整车；转入；变更迁出）。

2 查验方法

查看《道路机动车辆生产企业及产品公告》、机动车整车出厂合格证明、产品使用说明书、安全技术检验合格证明等技术资料凭证，确认机动车是否具有限速功能或限速装置。

3 合格判定

要点一： 2012年9月1日起出厂的危险货物运输车，应具有限速功能，否则应配备限速装置。

要点二： 限速功能或限速装置调定的最大车速对危险货物运输车不应大于80km/h。

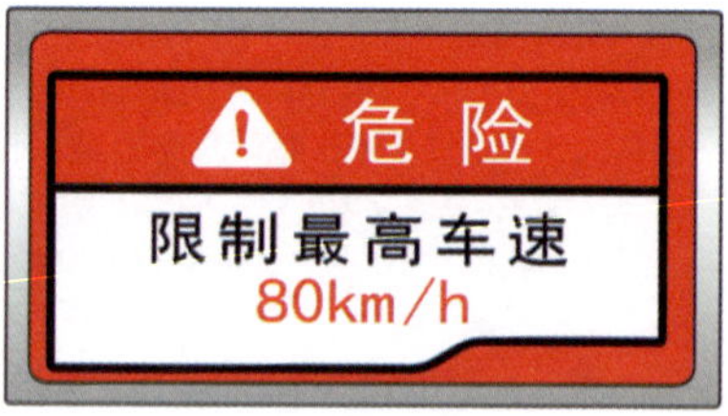

最高限速警示标识

4 标准依据

限速功能或限速装置查验判定标准依据如下。

限速功能或限速装置查验判定标准依据

名　称	章节	条　款
《机动车查验工作规程》（GA 801—2019）	5.15a）	查看《道路机动车辆生产企业及产品公告》、机动车整车出厂合格证明、安全技术检验合格证明等技术资料凭证，确认机动车是否具有限速功能或限速装置
	附录A 表A.1	限速功能或限速装置：2012年9月1日起出厂的公路客车、旅游客车、危险货物运输货车和车长大于9m的未设置乘客站立区的公共汽车，2018年1月1日起出厂的车长大于9m的其他客车，2019年1月1日起出厂的车长大于或等于6m的旅居车，应具有限速功能，否则应配备限速装置。限速功能或限速装置调定的最大车速对公路客车、旅游客车和车长大于9m的其他客车、车长大于或等于6m的旅居车不应大于100km/h，对危险货物运输货车不应大于80km/h。2013年5月1日起出厂的专用校车应安装限速装置，且限速装置调定的最大车速不应大于80km/h
《机动车运行安全技术条件》（GB 7258—2017）	10.5.2	三轴及三轴以上货车（具有限速功能或配备有限速装置，且限速功能或装置符合规定的除外）应具有超速报警功能，当行驶速度对混凝土搅拌运输车大于或等于60km/h、对其他货车大于或等于100km/h时，能通过视觉和声觉信号报警
	10.5.3	公路客车、旅游客车和危险货物运输货车及车长大于9m的其他客车、车长大于或等于6m的旅居车应具有限速功能，否则应配备限速装置。限速功能或限速装置应符合GB/T 24545的要求，且限速功能或限速装置调定的最大车速对设置了符合11.2.8规定的车内随行物品存放区的公路客车应小于70km/h、对其他公路客车、旅游客车和车长大于9m的其他客车、车长大于或等于6m的旅居车不应大于100km/h，对危险货物运输货车不应大于80km/h。专用校车应安装符合GB/T 24545要求的限速装置，且调定的最大车速不应大于80km/h

25 安全技术检验合格证明

1 查验要求

对申请以下登记业务的危险货物运输车，核对安全技术检验合格证明：

（1）注册登记；

（2）变更登记（更换车身或者车架；更换发动机）。

2 查验方法

核对机动车安全技术检验合格证明时，应审查安全技术检验的项目是否齐全及检验结论是否为合格。

3 合格判定

要点一：安全技术检验合格证明应由本市行政辖区内具备资质的机动车安全技术检验机构出具。

要点二：其内容应包括人工检验项目（车辆外观检查、底盘动态检验和车辆底盘检查等）的检查结果、仪器设备检验项目（制动、远光发光强度等）的检验结果（无法进行仪器设备检验的除外）、路试数据和判定结果（如进行）及整车检验结论，且所有检验项目及整车检验结论均应为合格。

要点三：在用车更换发动机进行安全技术检验时，安全技术检验合格证明上应记载有更换后的发动机型号和出厂编号。

4 标准依据

安全技术检验合格证明查验判定标准依据如下。

安全技术检验合格证明查验判定标准依据

名　称	章节	条　款
《机动车查验工作规程》（GA 801—2019）	5.16	核对机动车安全技术检验合格证明时，应审查安全技术检验的项目是否齐全及检验结论是否为合格
	附录A 表A.1	安全技术检验合格证明应由本市行政辖区内具备资质的机动车安全技术检验机构出具，其内容应包括人工检验项目（车辆外观检查、底盘动态检验和车辆底盘检查等）的检查结果、仪器设备检验项目（制动、远光发光强度等）的检验结果（无法进行仪器设备检验的除外）、路试数据和判定结果（如进行）及整车检验结论，且所有检验项目及整车检验结论均应为合格。在用车更换发动机进行安全技术检验时，安全技术检验合格证明上应记载有更换后的发动机型号和出厂编号。机动车安全技术检验机构与车辆管理所已联网且车辆管理所通过机动车安全技术检验监管系统自动比对上述项目和数据的，查验员可不核对安全技术检验合格证明

26 其他查验时应当注意的项目

1 拓印膜

审查随车携带的车辆识别代号拓印膜，或者实车拓印时应注意：

要点一：拓印车辆识别代号的拓印贴必须使用字迹耐久、不变形、抗老化的专用拓印贴。

要点二：应在查验现场实车上拓印打刻的车辆识别代号，非现场实车拓印的拓印膜应比对与实车车辆识别代号的内容、字符间隙、字符特征一致性。

要点三：拓印车辆识别代号后应粘贴在专用拓印贴底纸上，从底纸上取下已拓印的拓印贴后能方便地粘贴在其他纸张上。

要点四：拓印车辆识别代号时应将打刻的17位车辆识别代号及两端的起止符完整拓印，拓印时应无变形、无移位，拓印成型后的车辆识别代号应与实际车辆上打刻的17位车辆识别代号及两端的起止符大小、间距完全相符。

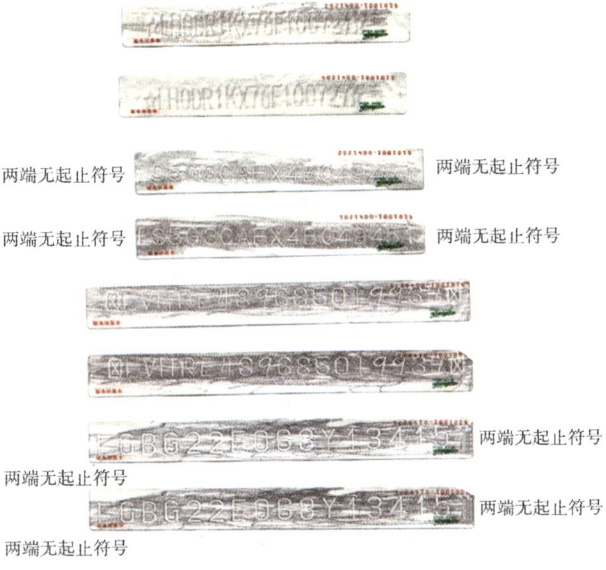

实车拓印的车辆识别代号拓印膜样本及要求

2 整车产品标牌

整车产品标牌能永久保持，固定、位置及型式应符合现行国家标准《机动车产品标牌》（GB/T 18411）的规定；如采用标签标示，则标签应符合现行国家标准《道路车辆　标牌和标签》（GB/T 25978）规定的标签一般性能、防篡改性能及防伪性能要求。改装车应同时具有改装后的整车产品标牌及改装前的整车（或底盘）产品标牌。

3 标准依据

其他项目查验判定标准依据如下。

其他项目查验判定标准依据

名　称	章节	条　款
《机动车运行安全技术条件》（GB 7258—2017）	4.1.2	机动车应至少装置一个能永久保持的产品标牌，该标牌的固定、位置及型式应符合GB/T 18411的规定；产品标牌如采用标签标示，则标签应符合GB/T 25978规定的标签一般性能、防篡改性能及防伪性能要求。改装车应同时具有改装后的整车产品标牌及改装前的整车（或底盘）产品标牌。 机动车均应在产品标牌上标明品牌、整车型号、制造年月、生产厂名及制造国，各类机动车产品标牌应标明的其他项目见表1。产品标牌上标明的内容应规范、清晰耐久且易于识别，项目名称均应有中文名称

4 其他常见问题

以下项目在工作实践中发现问题较多，不符合国家标准问题较为突出，虽不属于《机动车查验工作规程》（GA 801）明确规定的查验项目，但在国标相应条款或“查验工作提示”中均明确予以说明，在此提醒应予以关注。

（1）排气管前置、排气管口指向及火花熄灭器、静电拖地带。

依据《机动车运行安全技术条件》（GB 7258—2017）的12.12.1：专门用于运送易燃和易爆物品的危险货物运输车辆，车上应备有消防器材并具有相应的安全措施；排气管的布置应能避免加热和点燃货物，距燃油箱、燃油管净距离应大于或等于200mm，排气管出口应装在罐体/箱体前端面之前、不高于车辆纵梁上平面的区域，并安装符合GB 13365规定的机动车排气火花熄灭器，机动车尾部应安装接地端导体截面积大于或等于100mm^{2}的导静电橡胶拖地带，且拖地带接地端无论空、满载应始终接地。

（2）弹簧钢板或空气悬架。

依据《机动车运行安全技术条件》（GB 7258—2017）的9.4：空气悬架总质量大于或等于12000kg的危险货物运输货车的后轴，所有危险货物运输半挂车，以及三轴栏板式、仓栅式半挂车应装备空气悬架。此要求自本标准实施之日起第25个月（即2020年1月1日）开始对新生产车实施。

（3）紧急切断装置。

（4）油箱属于重要安全部件，查验货车的车辆外观形状时，应确认实车油箱位置与《道路机动车辆生产企业及产品公告》照片（非注册登记查验比对《机动车行驶证》照片）是否相符。危险货物运输货车应装备单燃油箱，且单燃油箱的容积应小于或等于400L。

（5）对国产载货车辆进行查验时，发现实车的某根非驱动轴（随动桥）可提升的，应核实该车型对应整车《道路机动车辆生产企业及产品公告》的备注栏中是否有“车辆第×轴为非驱动轴（或随动桥），可提升”等说明，无上述说明的，该轴应不能提升，该载货车辆涉嫌违规生产或非法改装。

（6）货厢（货箱）应安装牢固可靠，且在设计和制造上不应设置有货厢（货箱）加高、加长、加宽的结构、装置。